上海市教育科学研究院智库丛书

我国推进教育 2030 目标监测指标体系及方法研究

张　珏　李伟涛 ◎著

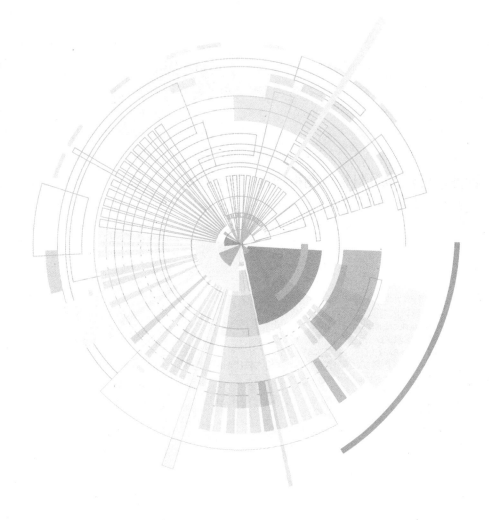

华东师范大学出版社
·上海·

图书在版编目(CIP)数据

我国推进教育 2030 目标监测指标体系及方法研究 /
张珏,李伟涛著. — 上海:华东师范大学出版社,2024
(上海市教育科学研究院智库丛书)
ISBN 978 - 7 - 5760 - 4621 - 2

Ⅰ.①我… Ⅱ.①张… ②李… Ⅲ.①教育事业-研
究-中国 Ⅳ.①G52

中国国家版本馆 CIP 数据核字(2024)第 036847 号

我国推进教育 2030 目标监测指标体系及方法研究

著　　者　张　珏　李伟涛
策划编辑　彭呈军
责任编辑　白锋宇
特约审读　陈雅慧
责任校对　李琳琳
装帧设计　卢晓红

出版发行　华东师范大学出版社
社　　址　上海市中山北路 3663 号　邮编 200062
网　　址　www.ecnupress.com.cn
电　　话　021 - 60821666　行政传真 021 - 62572105
客服电话　021 - 62865537　门市(邮购)电话 021 - 62869887
地　　址　上海市中山北路 3663 号华东师范大学校内先锋路口
网　　店　http://hdsdcbs.tmall.com

印 刷 者　上海龙腾印务有限公司
开　　本　787 毫米×1092 毫米　1/16
印　　张　11.75
字　　数　253 千字
版　　次　2024 年 7 月第 1 版
印　　次　2024 年 7 月第 1 次
书　　号　ISBN 978 - 7 - 5760 - 4621 - 2
定　　价　58.00 元

出 版 人　王　焰

(如发现本版图书有印订质量问题,请寄回本社客服中心调换或电话 021 - 62865537 联系)

本书系国家社会科学基金教育学重点课题"我国推进教育 2030 目标监测指标体系及方法研究"（AGA190008）研究成果。

总序

教育是国之大计、党之大计。我国已建成世界上规模最大的教育体系,教育现代化发展总体水平跨入世界中上国家行列。到2035年建成教育强国,是党的二十大报告做出的战略部署。2023年5月29日,习近平总书记在中共中央政治局第五次集体学习时发表重要讲话,强调:"我们要建设的教育强国,是中国特色社会主义教育强国,必须以坚持党对教育事业的全面领导为根本保证,以立德树人为根本任务,以为党育人、为国育才为根本目标,以服务中华民族伟大复兴为重要使命,以教育理念、体系、制度、内容、方法、治理现代化为基本路径,以支撑引领中国式现代化为核心功能,最终是办好人民满意的教育。"

在我国加快教育现代化和建设教育强国的进程中,教育智库通过高水平的决策咨询研究、成果转化与传播为教育科学决策和精准施策提供支撑,使命光荣、责任重大。上海市教育科学研究院(简称上海市教科院)成立于1995年,是主要从事教育科学、人力资源开发和社会发展的专业研究和决策咨询机构,致力于打造全国领先、国际一流的教育智库。当前,上海市教科院已成为上海市重点智库,是教育经济宏观政策研究院共建单位、首批教育部哲学社会科学实验室"教育大数据与教育决策实验室"共建单位,设有博士后科研工作站。

上海市教科院坚持和加强党的全面领导,以"服务教育决策、关注教育民生、引领教育发展"为宗旨,主动对接国家战略和上海市重大需求,推进高质量科研体系建设,形成了有组织科研新局面,产生了一批高水平研究新成果,推动智库建设不断迈上新台阶。上海市教科院牵头研发了国家教育科学决策服务系统、"双一流"监测数据管理系统等,深度参与国家"双一流"建设总结,承担《中国教育现代化2035》前期研究任务,持续完成《全国教育事业发展简明统计分析》《中国教育经费统计年鉴》《中国高等职业教育质量年度报告》《全国职业院校评估报告》,承研长三角教育现代化指标体系、海南国际教育创新岛建设实施方案、"三区三州"地区教育支持项目等。全面对接上海教育综合改革需求,集中力量开展《上海教育现代化2035》《上海市教育发展"十四五"规划》及多项专项规划、上海教育现代化监测评估、高校二维分类发展、"新优质学校"推进、PISA测试研究、上海高校思政教育课程体系建设等重大项目。

近年来,围绕教育强国建设与上海教育高质量发展,上海市教科院强化决策咨询优势,全面推进"两委"内涵建设项目,着力加快推进"教育大数据与教育决策实验室"建设,深入开展高校毕业生就业状况监测评价与就业指导服务体系研究,持续深化长三角教育现代化监测评估,扎实推进"大思政课"建设综合改革试验区工作,深化落实上海市中小学生心理关爱系统建设,全面实施上海市高水平地方高校动态监测和跟踪研究。"十四五"以来,上海市教科院的教育智库研究特色优势不断巩固,以定量分析为基础的决策咨询服务比较优势更加彰显,各类规划项目立项成绩斐然,研究成果获奖数量与层次创历史新高。

面对未来人口与学龄人口变化、新一轮科技革命和产业变革、人民群众对教育的新期待,作为教育智库,上海市教科院迫切需要深刻把握教育的政治属性、战略属性和民生属性,围绕教育、科技、人才三位一体发展要求,有效整合教育内外相关数据信息,充分利用先进技术和智能化手段,加快转变研究范式,推动教育大数据应用于教育决策研究,提升大数据在教育决策中运用的准确性和有效性。只有善于科学运用大数据进行研究分析,才能提高教育决策咨询研究成果的质量,更好地助力教育决策科学化水平提升。

"上海市教育科学研究院智库丛书"旨在围绕国家战略,聚焦教育强国建设重大问题、上海教育高质量发展热点难点问题,系统梳理政策,深入调查现状,开展基于数据的实证分析,提出对策建议以及展望未来图景,搭建智库研究成果展示传播平台,更好地服务教育决策,扩大学术影响力、社会影响力,积极构建数据驱动的教育研究范式,加快建设成为与具有世界影响力的社会主义现代化国际大都市相匹配的一流教育智库,在服务教育强国建设中作出上海的贡献。

在"上海市教育科学研究院智库丛书"即将与广大读者见面之际,在此对所有参与编写、编辑和出版的同仁表示最诚挚的感谢。你们的辛勤工作和无私奉献,让这套丛书得以顺利面世。同时,对每一位教科人和读者表达敬意,是你们的关注和支持,让教育科学研究的成果能够转化为推动社会发展的强大动力。期待丛书的出版成为桥梁和纽带,连接理论研究与实践操作,促进教育研究界与政策制定者之间的对话与合作;成为教育领域的一份宝贵财富,照亮未来前行的道路,引领我们走向更加广阔的未来。相信随着丛书的陆续推出,我们能够集聚更多的智慧,为建设教育强国贡献力量。愿教育科学研究工作者都能成为这场伟大事业的参与者和见证者,共同书写教育强国的辉煌篇章。

上海市教育科学研究院院长、研究员
教育经济宏观政策研究院常务副院长
教育部"教育大数据与教育决策实验室"主任
2024年6月

目录

前言		1
第一章	**绪 论**	1
	一、研究背景的梳理与分析	4
	二、研究内容的新时代检视	8
	三、国际层面的监测进展	10
	四、我国监测研究的意义	13
第二章	**文献综述**	15
	一、教育发展监测理论前沿	17
	二、相关理论研究与实践探索	20
	三、教育监测的国际比较研究	32
	四、重要启示及其借鉴	43
第三章	**研究框架与内容设计**	53
	一、研究思路、视角和路径	55
	二、研究方法、手段和技术路线	59
	三、研究子课题设计	60
第四章	**指标体系设计与构成**	65
	一、指标体系设计思路	67
	二、指标体系及构成	73

第五章	监测方法与技术手段	89
	一、监测方法集成创新	91
	二、监测数据信息来源	95
	三、监测技术创新	96

第六章	初步监测结果及分析	103
	一、全国教育现代化监测目标达成度分析	105
	二、全国教育现代化指数分析	126
	三、全国部分教育现代化监测点分析	138

第七章	监测推进机制及对策	165
	一、建立国家教育监测体系,把制度优势转化为治理效能	167
	二、坚持教育法治导向,强化监测指标体系及方法的效用	169
	三、健全组织保障机制,充实教育2030目标的监测内涵	172
	四、发挥好指标体系导向,推动加快实现教育2030目标	173
	五、建立信息及时反馈与预警机制,助力各地精准施策	175
	六、完善监测制度体系,提升大国教育治理现代化水平	176
	七、总结提炼实践经验,努力讲好中国教育现代化故事	177

前言

2015年9月,联合国主要国家政府首脑在纽约联合国总部举行的会议上通过了《改变我们的世界:2030年可持续发展议程》(Transforming our World: The 2030 Agenda for Sustainable Development,简称"2030年可持续发展议程")。它描绘了人类未来15年可持续发展的远景蓝图,旨在建立一个公平、包容、可持续发展的地球。2015年9月,国家主席习近平出席联合国发展峰会并发表题为《谋共同永续发展 做合作共赢伙伴》的重要讲话,一方面倡议国际社会加强合作,共同落实2015年后的发展议程,努力实现合作共赢;另一方面强调"中国郑重承诺,以落实2015年后发展议程为己任,团结协作,推动全球发展事业不断向前"。"2030年可持续发展议程"突出了教育的重要作用,强调教育是一项独立的目标(可持续发展目标4),具体描述为"确保包容和公平的优质教育,促进全民享有终身学习机会"。依据"2030年可持续发展议程"的总体目标,联合国教科文组织(UNESCO)于2015年11月4日在巴黎举行的高级别会议上通过了《教育2030行动框架》,该框架包括11项全球指标、3个实施办法、43个专题指标的监测评价体系,以动员所有国家和地区为实现教育可持续发展目标及其具体任务而付出努力,并通过实施、协调、监测"可持续发展目标4"的方式,确保发展包容和公平的优质教育,让全民终身享有学习机会。

对照《教育2030行动框架》超前规划新的教育发展行动,是我国积极参与全球教育治理、履行对"2030年可持续发展议程"的承诺,以及为世界教育发展贡献中国智慧、中国经验、中国方案的实际行动。2019年2月,中共中央、国务院印发了《中国教育现代化2035》,这是我国第一个以教育现代化为主题的中长期战略规划。该规划以习近平新时代中国特色社会主义思想为指导,全面落实习近平总书记关于教育的重要论述,在对标新时代中国特色社会主义建设战略安排,深入分析教育发展趋势和开展国际比较的基础上,明确了推进教育现代化的基本理念、基本原则,提出到2035年总体实现教育现代化、迈入教育强国行列的目标。《中国教育现代化2035》与"2030年可持续发展议程"相呼应,是新时代推进教育现代化、建设教育强国的纲领性文件,与以往的教育中长期规划相比,时间跨度更大,并从"两个一百年"奋斗目标和国家现代化全局出发,描绘了面向未来的教育发展图景,系统地勾画了我国教育现代化的战略愿景,明确了我国教育现代化的战略任务和实施路径。

作为世界上最大的发展中国家,我国是落实全球发展倡议、推进联合国"2030年可持续发展议程"的积极践行者。加速推进"2030年可持续发展议程"的国家承诺,率先实现教科文组织《教育2030行动框架》愿景,要求我们对照《中国教育现代化2035》确定的总体目标和八个方面的主要发展目标,立足国情教情,研究我国推进教育2030目标监测指标体系及方法。这既是建立健全教育发展监测评价机制、确保我国教育现代化目标任务如期实现的重大举措,也是以有效力的监测、评价和工具体系落实《教育2030行动框架》的有力抓手,同时还体现了我国为落实全球可持续发展倡议、推进联合国"2030年可持续发展议程"和共同构建人类命运共同体贡献中国智慧与力量的大国担当。

本书围绕我国推进教育2030目标监测指标体系及方法的研究重点,以"2030年可持续发展议程"和《教育2030行动框架》为关注焦点,依据空间维度——体现国家区域发展的战略需要、时间维度——合理确定不同节点的判断标准设计研究框架,建立了包括"监测需求分析—监测指标体系构建—监测方法创新—监测结果应用"四个环节以及以中间两个环节为研究重心的总体框架,对教育发展监测的理论前沿与实践、国内外教育2030目标监测的比较、2030教育目标监测方法与技术创新、教育监测推进机制及对策等主要内容进行了分析研究。

面对新形势新要求,基于研究工作获得的启发和认识,我们认为应尽早启动国家教育现代化监测评估战略行动,升级迭代教育治理方法和手段,以支撑政府的教育科学决策和教育行政部门的精准施策,促进各级教育高质量发展,加快建成教育强国,并通过丰富理论和实践,探索中国特色的教育现代化改革发展和有效落实《教育2030行动框架》的中国之路,为人类命运共同体建设作出新的更大贡献。

在本书出版之际,真诚感谢课题组成员为此项研究的推进和完成作出的积极贡献!参与完成者包括来自上海市教育科学研究院、华东师范大学、浙江师范大学等单位的专家学者,其中,李伟涛、潘奇、王中奎、公彦霏、陈越洋、王湖滨、季诚钧、郅庭瑾等承担、参与了子课题研究工作,张珏、李伟涛、王中奎承担了课题总报告统稿工作。同时,华东师范大学博士后杨文杰、夏彧参与了理论梳理和数据调查工作,博士研究生张顾文、陈文博、王晓茜、李大印、王依杉等参与了国内外数据的收集整理和分析工作;华东理工大学硕士研究生游礼伊、胡微微等承担了相关资料的搜集和分析工作。正是课题组成员的高效协作,才让本研究能够顺利高效完成。另外,我们曾在诸多场合,就本研究的相关内容与多位专家有过专门的交流,如袁振国、张民选、丁钢、韩民、桑标、陈廷柱、周光礼、周玲、林荣日、余新丽、李政涛、文东茅、熊庆年等,他们为本研究提供了很多真知灼见,在此一并表示衷心感谢!同时,也向华东师范大学出版社王焰社长、彭呈军老师、白锋宇老师表示诚挚感谢!

由于教育系统本身和现代化进程的复杂、受诸多因素影响和制约以及数据可及性和国际可比性等多方面的挑战,加之受时间和能力所限,本书在动态数据跟踪和深入挖掘分析等方面还有待进一步深入,需要继续加强研究。同时,也可能存在不当或疏漏之处,敬请读者批评指正。

第一章 绪论

在我国努力实现第一个百年奋斗目标的历史进程中,教育事业的发展发挥了基础性、全局性和战略性的作用。在迈向第二个百年奋斗目标的新时代,教育改革和发展面临新的要求和挑战,呼唤治理体系和治理能力的现代化建设。针对教育发展规划、战略目标、重点任务及其监测目标开展研究和实施具体的监测评估,已经成为支撑和推进教育治理现代化的基础工程。对照《中国教育现代化2035》的战略、目标、任务和路径,结合落实联合国教科文组织发布的《教育2030行动框架》,开展教育2030目标监测实现的实践与探索,既是我国推进教育治理现代的必然要求,也是中国政府积极落实联合国"2030可持续发展议程"的具体行动和责任担当。

在落实教育发展目标及推进体制机制研究与实践方面,国内外已在教育监测评价理论、指标体系构建、教育数据信息统计调查及数据分析技术、监测评价技术方法等方面形成了一定的成果,为我国深入研究和加快形成新时代教育发展目标监测体系及其方法提供了有力的理论指导和实践支撑。但是,我国教育改革发展进入了新阶段,教育理念及监测评估理论不断更新与变革,尤其是经济社会发展给教育带来了新挑战、新需求,这就需要积极借鉴联合国教科文组织等机构提出的新理念、新方法、新手段,结合我国国情教情,从实际出发,不断推动教育监测评估思想、理论、模式、方法、手段、路径等方面的改革与实践创新,加强对我国教育2030发展进程的动态监测,促进和有效保障教育现代化目标的顺利实现。围绕建立我国推进教育现代化目标的监测评估体系和推进教育治理现代化,本书在进行宏观背景分析的基础上,通过借鉴国内外教育监测的评价理论、指标体系构建、教育数据信息统计调查及数据分析技术、监测评价技术方法等,创新性地提出和构建了"人体型结构"教育2030发展目标监测评估体系框架,开发出了关于监测目标达成度、教育现代化指数、监测指标多维分析以及监测评估区域内部差距的实用性监测评估工具和方法,并通过集成创新监测评估方法体系,初步对我国教育发展及部分相关指标现状进行了综合分析。同时,对照党和国家提出的教育现代化目标任务,特别对部分主要监测指标的监测目标达成情况等进行了分析和预警。另外,还根据对我国教育2030进展的监测评估结果,对进一步加强我国教育现代化监测评估工作提出了有针对性的对策建议。

众所周知,教育监测指标是教育发展观念的显性反映,是形成综合判断和推进教育治理现代化的基础工具,随着教育发展阶段的变化而变化。教育是国之大计、党之大计。党和国家历来重视发展教育,党的十八大以来,以习近平同志为核心的党中央始终把教育摆在优先发展的战略地位,不断加快推进教育的现代化进程,促进教育事业发展,并取得了举世瞩目的成就,教育总体发展水平跃居世界中上行列,教育面貌正在发生格局性变化。① 根据我国教育事业发生的格局性变化,对照党的十九大报告中提出的"建设教育强国是中华民族伟大复兴的基础工程,必须把教育事业放在优先位置,加快教育现代化,办好人民满意的教育"的要求,以及党的二十大报告中提出的新的中国式现代化发展的战略任务,围绕推进和逐步实现中共中央、国务院印发的《中国教育现代化2035》中提出的"到2035年,总体实现教育现代化,迈入教育强国行列"总体目标,参照全球教育发展的背景变化,尤其是联合国"2030年可持续发展议程"中提出的全球教育发展目标和要求,我们需要吸收和继承现有推进教育现代化发展的监测指标体系和方法,探索建立适应新的发展需要的监测评估指标体系、实施运行机制和教育治理模式,在推进我国教育目标实现和改革创新的基础上,为全球教育治理贡献中国智慧和中国方案。其中,在动态调整和实践探索中不断创新教育监测指标体系及方法,是新时代深化教育评价改革的内在要求,也是积极推进教育监测理论和实践探索,凝练中国特色教育改革创新做法和经验、努力讲好中国教育现代化发展故事的重要创新之举。同时,加快研究构建适应新时代、具有中国特色且符合教育现代化发展新阶段新需求新特点的教育2030目标监测体系及方法,也必将为落实好《深化新时代教育评价改革总体方案》提出的"积极开展教育评价国际合作,参与联合国2030年可持续发展议程教育目标实施监测评估,彰显中国理念,贡献中国方案"提供有力支撑。

一、研究背景的梳理与分析

教育作为面向未来的社会事业,其发展战略目标的时间周期设定相对于其他领域一般都会更长,"十年树木,百年树人""教育优先发展"的意蕴均在于此。当今世界正在经历百年未有之大变局,充满了不确定性,知识和人才的重要性愈发突出,这更加要求教育发展要具有长远的战略布局,同时通过连续性制定和实施以五年为周期的发展规划以及一系列具体的计划、行动、方案等来进一步明确工作目标和推进重点任务的落实。《国家教育事业发展"十三五"规划》提出了"十三五"时期教育改革发展的总目标,即"教育现代化取得重要进展,教育总体实力和国际影响力显著增强,推动我国迈入人力资源强国和人才强国行列,为实现中国教育现代化2030远景目标奠定坚实基础"。2019年,中共中央、国务院印发《中国教育现代化2035》,为我国教育的中长期发展指明了方向,提出了任务,明晰了路径,提供了保障,同时也提出了"一地

---

① 怀进鹏.胸怀国之大者　建设教育强国　推动教育事业发生格局性变化[N].学习时报,2022-05-06.

一案""分区推进"等实施路径和要求。全国及各地按照《中共中央关于制定国民经济和社会发展第十四个五年规划和二〇三五年远景目标的建议》以及国家教育现代化战略要求,研究制定了"十四五"时期教育发展目标和改革发展任务。另外,国家在区域发展战略性文件中还对京津冀、长三角、粤港澳大湾区、长江经济带、黄河流域等提出了区域教育现代化发展的中长期目标任务和具体的工作要求。

时代越是向前,教育发展的先导性、基础性、全局性地位和作用愈加突显。我国教育2030发展目标设计与教育现代化发展规划一脉相承,与国家和各地2035年远景目标有机衔接。研究分析教育2030发展目标确立和发展的背景,是超前把握国家整体现代化发展关系规律、实现我国教育现代化发展的必然要求。

(一) 教育进一步走进当今社会舞台的中央

2018年,习近平总书记在全国教育大会上对教育地位作出了全新判断,首次提出教育是国之大计、党之大计,把教育摆在前所未有的高度。教育是民族振兴、社会进步的重要基石,是功在当代、利在千秋的德政工程,对提高人民综合素质、促进人的全面发展、增强中华民族创新创造活力、实现中华民族伟大复兴具有决定性意义。[①] 全国教育大会强调,没有哪一项事业像教育这样影响甚至决定着接班人问题,影响甚至决定着国家长治久安、民族复兴和国家崛起。党的二十大报告首次把教育、科技、人才"三位一体"统筹谋划,并单列专章进行部署,摆放在高质量发展首要任务之后的突出位置,这是党中央的重大理论和实践创新,赋予了教育在全面建设社会主义现代化国家新征程中的新定位、新要求、新使命。

与此同时,当今世界新一轮科技革命和产业变革深入发展,国际力量对比深刻调整,党的十九届五中全会提出坚持"四个面向"的战略方向,即面向世界科技前沿、面向经济主战场、面向国家重大需求、面向人民生命健康,深入实施科教兴国战略、人才强国战略、创新驱动发展战略,完善国家创新体系。科技创新、经济发展,越来越有赖于教育培养大批创新型人才、提供大量高水平科技成果和转化服务,这成为国家战略需求,预示着教育功能与定位正在发生变化,迎来新的发展机遇,同时面临新挑战。

(二) 教育改革和发展呈现出新的阶段性特点

改革开放以来,我国始终坚持党对教育工作的领导,走出了一条中国特色社会主义教育发展道路。我国教育事业取得了历史性成就,发生了历史性变革,各级教育普及程度达到或超过了中高收入国家的平均水平,其中义务教育普及程度达到世界高收入国家的平均水平,高等教育进入世界公认的普及化阶段,一个服务14亿多人口、面向每个人、适合每个人、更加开放灵活的教育体系日渐完善。[②]

---

① 习近平.坚持中国特色社会主义教育发展道路 培养德智体美劳全面发展的社会主义建设者和接班人[EB/OL].(2018-09-11)[2022-03-23].http://edu.people.com.cn/n1/2018/0911/c1053-30286253.html.
② 怀进鹏.胸怀国之大者 建设教育强国 推动教育事业发生格局性变化[N].学习时报,2022-05-06.

我国社会主要矛盾已经转化为人民日益增长的美好生活需要和不平衡不充分的发展之间的矛盾,人民群众对高质量教育的期待更加迫切,教育发展的主要矛盾也已经从"有学上"转变成了"上好学"。尽管各级教育普及水平依然需要巩固提高,但促进学习者全面而有个性发展、提升教育服务科技与经济社会发展能力、优化教育发展环境等事关教育内涵建设和高质量发展的关键领域,在新的发展阶段面临的要求和期待则更为凸显。

在新发展阶段,随着我国由生存型社会步入发展型社会,人民"满意"的维度已经发生深刻变化,缩小城乡、区域、学校、群体之间教育发展差距的任务仍然非常艰巨。与此同时,国际竞争日益激烈,脱钩断链和"卡脖子"问题日益凸显,更加需要我国全面提高人才自主培养质量,加快实现关键核心技术自主创新,掌握事关未来国际竞争格局的颠覆性高科技领域话语权。教育为国效力、为党分忧从来没有像今天这么紧迫,推动教育高质量发展成为新时代的迫切需求。

(三)国家治理现代化给教育发展带来机遇和挑战

中国作为一个大国,不仅是人口意义上的大国、地理疆域意义上的大国,而且是人口之多和疆域之大共同作用下的治理意义上的大国。2019年10月31日,党的十九届四中全会通过了《中共中央关于坚持和完善中国特色社会主义制度 推进国家治理体系和治理能力现代化若干重大问题的决定》(以下简称《决定》)。这是新时代完善我国国家制度和治理体系的纲领性文件,对坚持和完善中国特色社会主义制度、推进国家治理体系和治理能力现代化作出了全面系统的战略部署,为新时代教育发展指明了方向。《决定》将"构建服务全民终身学习的教育体系"作为"坚持和完善统筹城乡的民生保障制度,满足人民日益增长的美好生活需要"的重大任务,为我国教育发展提出了具体要求。这些要求必将在我国制度优势和新型举国体制优势的助推下,促进教育发展在多个领域取得突破,实现加速发展,从而带动我国教育治理现代化开创发展新局面。

当然,实现教育治理体系和治理能力现代化并不是一蹴而就的,在贯彻落实《决定》的过程中,必然也会遇到各种困难和挑战。推进我国教育2030目标的监测是加快推动教育现代化的内在要求,是完善教育治理体系的重要举措。对2020、2025、2030年等各个关键时间节点进行监测,及时掌握教育动态发展状况和取得的进展成效,预警和诊断教育发展中存在的风险和关键问题,有利于充分发挥教育在国家制度和国家治理体系中基础性、战略性、全局性、先导性的重要作用。

(四)中国面向教育2030目标率先采取行动与策略

为实现社会、经济和生态环境等领域的可持续发展目标,我国采取了诸多措施,包括从制定发展规划、加强国际合作、建立全球治理观、开展教师培训及革新教育教学方法等宏观、中观和微观多个维度进行针对性改革完善,以推进教育可持续发展。首先,为落实联合国"2030年可持续发展议程",2016年9月,我国政府出台了《中国落实2030可持续发展议程国别方案》,

就推进和落实"可持续发展目标4"(SDG4)做出了重要承诺。其次,确定教育现代化发展目标。2017年,政府工作报告强调,要制定实施《中国教育现代化2030》,以教育现代化支撑国家现代化。基于此,中共中央、国务院于2019年2月正式印发《中国教育现代化2035》,指出将服务中华民族伟大复兴作为教育的重要使命,坚持教育为人民服务、为中国共产党治国理政服务、为巩固和发展中国特色社会主义制度服务、为改革开放和社会主义现代化建设服务,优先发展教育,大力推进教育理念、体系、制度、内容、方法、治理现代化,着力提高教育质量,促进教育公平,优化教育结构,为决胜全面建成小康社会、实现新时代中国特色社会主义发展的奋斗目标提供有力支撑。需要强调指出的是,《中国教育现代化2035》不仅把教育放在我国现代化进程中来谋划和实施,而且把教育放在世界发展的进程中来谋划和实施。中国教育现代化是共同推进全球可持续发展目标的现代化,是世界教育改革发展的重要组成部分,应该成为影响和引领世界教育改革发展的现代化,是为世界教育可持续发展提供中国方案的现代化,也是中国政府对世界作出庄严承诺的现代化。

在推进教育现代化发展过程中,中国深刻意识到加强国际交流合作的重要性,指出中国教育现代化是积极推进人类命运共同体的可持续发展的现代化,是主动作为、积极进取、致力创新的现代化,是努力推进世界和平合作、合理解决各种社会和教育难题的现代化。教育2030可持续发展目标同样指出,在全球化时代,可持续发展目标的实现需要全球范围内的国际社会、民族国家、地方层面和社会组织等加强教育的可持续发展合作和交流。事实上,早在2013年,国家主席习近平就提出建设"新丝绸之路经济带"和"21世纪海上丝绸之路"的合作倡议,即"一带一路"(The Belt and Road),倡议建立一个包容、开放的发展平台,为可持续发展教育提供新的动力和环境。2015年3月,国家发展改革委、外交部、商务部联合发布《推动共建丝绸之路经济带和21世纪海上丝绸之路的愿景与行动》,为可持续发展教育的国际合作提供了新的平台,并通过成立区域可持续发展教育合作中心、双边或多边可持续发展教育合作与交流平台,推动环境、经济和社会发展等重点领域的国际合作。

无论是全球教育2030可持续发展目标,还是《中国教育现代化2035》,都旨在强调建立一个更加包容、更加开放的新格局、新框架,对教育发展进行"全面整合的可持续变革"[①]。2018年,联合国教科文组织发布报告《可持续发展教育的问题和趋势》(Issues and Trends in Education for Sustainable Development),提出了可持续发展教育的教师培训目标,并强调要革新教育教学方法和理念,通过了解可持续发展及相关的主题和调整,理解全球、国家和地方层面可持续发展的话语表达和实践;反思促进可持续发展概念面临的挑战以及教师促进可持续发展的重要性和作用;从可持续发展的原则和价值观出发,综合考量社会、生态、经济和文化等

---

① 周洪宇,徐莉.联合国教科文组织教育2030框架对中国教育现代化2030的启示[J].河北师范大学学报(教育科学版),2017,19(5):5—13.

方面的关键问题和挑战,发展有关全球变化和当地表现的学科、交叉学科和跨学科的观点;理解文化多样性、性别平等、社会正义、环境保护和个人发展是可持续发展不可分割的组成部分;重点评估学习者跨学科的可持续性能力发展和具体的可持续发展能力相关的学习成果,推动教育 2030 可持续发展目标的实现。①

二、研究内容的新时代检视

教育现代化是传统教育向现代教育转变的过程,②体现为复杂、长期、系统的教育变迁。目前,我国教育发展目标监测指标体系及方法研究不是零起点,相关的理论尤其是国内外教育评价理论、指标体系构建、数据挖掘分析方法与技术应用等方面的探索和实践,为我国深入研究和加快形成新时代教育发展目标监测体系及其方法提供了理论指导和实践借鉴。已有的教育发展目标监测指标体系及其方法研究在国家、区域和各省市层面的现有成果,为全国及各地面向新的发展阶段开展教育发展目标监测实践探索提供了基础支持和借鉴。但从我国的实际情况看,受到区域发展不平衡以及各地教育治理水平存在一定的差距等因素的影响,我国要研究建立一套教育 2030 目标监测指标体系,并形成科学可靠的监测评估方法,既面临重大历史机遇,又遇到一些困难和新的挑战。

其一,教育监测研究深度和广度需进一步加强。任何有关教育的研究都离不开承载它的社会主体,教育本身是一个复杂的大型场域,而教育置身于其中的社会则更是一个不知要复杂多少倍的"巨型场域",是一个极为复杂的场域之网。③ 当今世界正经历百年未有之大变局,我国展现大国责任与担当,主张构建人类命运共同体,积极落实联合国"2030 年可持续发展议程",探索新时代区域教育改革发展的新模式,推动形成以雄安新区、粤港澳大湾区、京津冀、长三角、海南自由贸易试验港和"一带一路"、东北地区以及中西部地区为战略重点的区域教育发展新格局,从而使我国教育发展目标、内容及路径发生了一系列新变化。目前,针对国家区域发展战略及其带来变化和特点的研究成果还比较少,相关的实践也处于初步探讨阶段,在教育发展目标监测指标设计、监测体系制度建设以及方法研究等方面都需要同步跟进、加快更新,尤其是国家层面、区域层面的教育发展目标监测指标体系及方法等,亟待加强有深度的研究。

其二,教育目标监测的适切性需动态调整。我国现有的教育监测指标体系如"国家教育现代化进程监测指标体系",其监测目标指向《国家中长期教育改革和发展规划纲要(2010—2020年)》确定的"两基本、一进入"的教育发展目标和任务。为了与党和国家确定的新时代教育发

---

① UNESCO. Issues and trends in education for sustainable development [EB/OL]. [2022-03-23]. https://unesdoc.unesco.org/ark:/48223/pf0000261445.
② 顾明远. 试论教育现代化的基本特征[J]. 教育研究,2012,33(9):4—10.
③ 皮埃尔·布迪厄,华康德. 实践与反思——反思社会学导引[M]. 李猛,李康,译. 北京:中央编译出版社,1998.

展定位、发展战略目标与任务的要求相适应,亟须探索以人民为中心、面向未来、锚定建设教育强国战略、具有国际可比性的教育监测指标体系,并创新监测评估方法,促进我国在不同时间节点的发展目标落实落地,推动联合国教科文组织发布的《教育2030行动框架》在我国率先有效落实。面向新时代的新变化,结合我国实际落地细化联合国2030教育发展目标,创新我国教育2030监测指标,创新统计方式方法,推动教育发展监测指标体系迭代升级,处理好全面监测与关键领域重点监测的关系,将教育发展目标的监测指标构建应用和提高教育治理能力相结合,促使监测结果与政策改进相关联,从而推动教育发展对内提升治理水平、对外展示新的发展成就。

其三,教育目标监测体系需进一步综合。教育发展目标监测体系构建不是一个简单的应用问题,而是综合了对教育系统及其构成的理论认识、测评和统计技术以及教育发展现实需求等多方面因素,是一个从概念到框架、从指标到数据、从研究到应用的循环往复的过程。[①] 由于我国教育发展目标内涵丰富、内容广泛,涉及教育工作的方方面面,而且不同地区具有不同特点,因此,基于已有实践的教育目标监测指标,或者基于具有时代特点的监测指标,均有必要进一步综合、更新,尤其是面向中长期教育发展目标的监测指标,还面临具有鲜明的前瞻性和预期性需求。另外,教育发展目标监测体系作为一个复杂的开放系统,其监测指标的构建需要遵循定性定量相结合、多维监测评价相结合的基本原则,从而避免因缺乏软性指标而导致接受度降低的不足。

其四,教育目标监测方法亟待系统化。如何应用教育发展目标监测体系中的各个指标,形成更为全面、客观、实用的监测结果,很大程度上还有赖于运用科学的监测方法。在此方面,国内外教育质量监测项目(如PISA、TIMSS等)经过长时间的理论研究和实践积累,形成了可供借鉴的监测方法、手段和经验,监测评价结果也被广泛应用。另外,教育外部、国际上也有一些重要的监测评估工具和计量方法值得借鉴和吸收,例如:联合国计划开发署(UNDP)采用的人类发展指数(Human Development Index, HDI)的计量模型、世界知识产权组织发布的"全球创新指数"模型等,可为建立我国教育发展目标监测方法形成借鉴。研究新时代具有中国特色的教育发展目标监测体系及方法,既要注重吸收国际著名监测评价工具的长处和以往的经验教训,更要体现东方哲学思维,立足国情教情,坚定中国理论、制度、文化和道路自信,努力实践和创新我国教育现代化监测评价的方法与技术,建设长效监测机制,综合运用宏观管理方法和现代信息化技术,实现软硬结合、东西结合,建立一套科学、合理、可操作和充分发挥诊断以及支撑决策和施策功能的监测方法与工具。

综上所述,针对新时代我国教育发展的新需求、新变化、新特点,立足推进大国教育治理现代化,有必要从系统化、多样化、动态化、科学化等多个维度,整体性讨论构建具有时代特点和

---

① 杨向东,朱虹.教育指标系统构建的理论问题[J].清华大学教育研究,2013,34(3):16—28.

中国特色的教育发展目标监测体系及监测方法,为加快推进教育现代化提供支持与保障。

三、国际层面的监测进展

在国际上,可持续发展(Sustainable Development)并不是一个新概念。早在1987年,世界环境与发展委员会(World Commission on Environment and Development,简称WCED)在发表的报告《我们共同的未来》(Our Common Future)中第一次提出了"可持续发展"概念。[①] 1988年,联合国教科文组织从可持续发展的角度,将"环境教育和发展教育"整合为"可持续发展教育"(Education for Sustainable Development,简称ESD),此后可持续发展教育成为国际社会关注的重要议题。自1992年联合国环境与发展大会发表《21世纪议程》以来,国际社会通过组织召开会议或发布重要文件,积极推动可持续发展教育理念的传播和实践应用。主要表现如下。

(一)教育2030发展目标与监测内容方面的进展

联合国可持续发展峰会于2015年9月审议通过了《改变我们的世界:2030年可持续发展议程》,确立了以可持续发展目标为核心的工作纲领,从社会、经济和环境维度提出了17个可持续发展目标和169个子目标。其中可持续发展目标4重申了《仁川宣言》(Incheon Declaration)中所提出的"通过教育改变人生"的新愿景以及面向2030年实现"确保包容和公平的优质教育,促进全民享有终身学习机会"的教育发展目标。"包容"指向教育的可获得性和全纳性;"公平"体现在准入、参与、保留、完成和学习结果方面消除所有形式的排斥、边缘化、不公正的差异性和不平等问题;"优质"是要确保教育能在所有水平和不同环境里导向相关的、平等和有效的学习成果;"终身学习"强调的是一项基本人权,受教育权从出生开始贯穿一生。[②] 自此,教育既是可持续发展的一个重要目标,也是成功实现其他可持续发展目标的关键手段。

依据教育2030发展目标,联合国教科文组织发布了《教育2030行动框架》,明确了教育2030可持续发展目标4的愿景、理念和原则,确立了全球教育的总体目标和相关的七个具体目标(中小学教育,幼儿教育,职业技术教育、高等教育和成人教育,工作技能,教育公平,成人扫盲,可持续发展和全球公民意识)、三个实施措施(教育设施和学习环境、奖学金、教师)以及指示性策略,并提出了一个协调全球教育发展的结构,以及管理、监测、跟踪和审查机制。具体而言,该框架首先概述了如何在国家、地区和全球层面上将"仁川会议"确定的承诺转化为实践,动员所有国家和合作伙伴响应教育的可持续发展目标,提出了实施协调、筹措资金及监测成效

---

① The World Commission on Environment and Development. Our Common Future [M]. Oxford: Oxford University Press, 1987.
② United Nations. Sustainable Development Goals [EB/OL]. (2015-10-21)[2022-04-14]. https://www.un.org/ga/search/view_doc.asp?symbol=A/RES/70/1&Lang=E.

的方法,以确保全纳、公平的优质教育,使人人可以获得终身学习的机会。① 其次,该行动框架成为指导各国根据不同的实际、能力、发展水平、政策及优先发展的考虑,制订符合本土情况的计划和战略。②《教育 2030 行动框架》指出,"认识到教育的重要作用,强调教育是一项独立的可持续发展目标,并包括若干其他可持续发展目标下的教育目标,特别是关于健康、经济增长和就业、可持续消费和生产以及气候变化等方面的目标。实际上,教育可以加速实现所有可持续发展目标,因而教育应成为实现每个可持续发展目标战略的一部分"。③《教育 2030 行动框架》清晰地勾勒出全球教育发展的未来蓝图,鼓励各国政府根据教育优先、国家发展战略及计划、制度能力和资源可利用性,将全球教育目标转化为可实现的国家目标,旨在全球层面建立一个更加进取的、世界性的教育议程。

自联合国 2015 年提出 2030 可持续发展目标以来,面对新的发展议程和新的教育愿景,从联合国教科文组织发布的《反思教育:向"全球共同利益"的理念转变?》到 2017 年全球教育监测报告《教育问责:履行我们的承诺》,从经济合作与发展组织(OECD)启动"教育 2030"项目、世界银行发布首份聚焦教育的《世界教育报告》、欧盟的 2030 教育战略新构想,到英国特色的可持续发展目标确定、日本面向未来的《第三期教育振兴基本计划》等,主要国际组织与发达国家迅速做出积极回应,并以此为契机对教育进行全面审视,确定教育的未来方向,在不断变化的世界中重新规划教育愿景。

(二)教育 2030 目标监测框架与指标方面的进展

为响应教育的可持续发展目标,联合国教科文组织制定了教育 2030 监测指标框架,涵盖全球指标 12 项和专题指标 32 项,共计 44 项具体指标,以持续监测教育 2030 发展进程,确保全纳、公平的优质教育在各国得到落实。④ 与此同时,为落实全球教育 2030 目标监测框架,联合国教科文组织一是建立了专门的跨国教育调查机构,主要调查可持续发展目标 4 的关键性指标,如幼儿教育、职业技术教育、高等教育和成人教育。二是建立相互关联的国家评估系统。教育 2030 目标监测与学习成果监测需要多国之间的协同,从而形成可比较的教育监测数据。三是在开展全球教育监测的同时,强化国家间文化和语境差异。⑤ 可持续发展目标涉及核心概念的可比性,如儿童早期发展、基础教育相关学习成果比较、全球公民的数字素养和技能等,在

---

① UNESCO. Education 2030: Incheon declaration and framework for action: towards inclusive and equitable quality education and lifelong learning for all [EB/OL]. (2017 - 07 - 20)[2022 - 04 - 14]. http://www.uis. unesco. org/Education/Documents/incheon-framework-for-action-en. pdf.
② 杨尊伟. 面向 2030 可持续发展教育目标与中国行动策略[J]. 全球教育展望,2019,48(6):12—23.
③ UNESCO. Education 2030 Framework for Action: Ensure Inclusive and Equitable Quality Education and Promote Lifelong Learning Opportunities for All [EB/OL]. (2015 - 11 - 05)[2022 - 04 - 14]. http:// unesdoc. unesco. org/images/0024/002456/245656e. pdf.
④ SDG4.1 增加一项全球指标:中小学完成率,全球指标增加到 12 项。
⑤ 本亚伦,曾龙. 从千年发展目标走向可持续发展:教育 2030 实施的现状、挑战及对策——基于《2016 全球教育监测报告》的分析[J]. 世界教育信息,2017,30(10):32—36.

概念界定的基础上进行比较测量。

作为对教育 2030 可持续发展目标的回应,主要国际组织根据个体、社会和经济需要,制定了不同的监测指标清单,评估教育 2030 目标进程中各教育发展情况及所取得的成效。① OECD 除持续开展的 PISA(国际学生评估项目)、PIAAC(国际成人能力评估调查)和 TALIS(教师教学国际调查)之外,还承诺改善、扩大并丰富评估工具。欧盟《教育与培训年度监测报告》通过国际比较和国别分析激发成员国教育改革。2017 年 9 月,亚太经合组织(APEC)成员经济体通过了《APEC 教育战略行动计划》,确定了到 2030 年亚太地区教育发展的愿景、目标与行动,提出了大量目标和可评估、可实现的指标,方便成员经济体根据各国实际情况利用目标和指标指导,实施与教育相关项目的规划、监测与报告。

教育 2030 目标在联合国教科文组织及其他合作伙伴的协调下,成为各国教育发展的总体性目标。从实践来看,在教育 2030 目标监测框架的推动下,各国加强了本国教育监测系统。一是在教育部教育管理信息系统之外,鼓励国家统计机构通过家庭或劳动力调查得出与教育发展息息相关的信息,从而推动教育部与多方机构合作,深度参与调查设计和对调查结果的应用。② 二是建立国家教育评估质量中心,通过过程监测提高教育质量。三是教育 2030 目标监测包括多方面内容,不应该只监测学习成果,更要加强对政策、课程、教科书和教师教育项目的监测。四是加强对教育支出的监督,衡量教育成本与教育成果。此外,当前教育 2030 监测指标数据来源多元,不仅包括官方数据、经费数据,也包括调查数据和测评数据。总体而言,教育 2030 目标强化了各国教育发展的优先战略位置,尤其是教育 2030 监测框架为推进我国在内的诸多国家的教育发展指明了方向和重点。在此背景下,我国在不断加强教育理论与教育监测评估方法体系研究的同时,更要与世界教育发展目标及其方法体系接轨,走出一条既有中国特色又有世界水平的中国教育发展路径。

为了协助各国政府实施这些目标,OECD 基于可持续发展目标的全球指标框架,利用联合国和 OECD 的数据,对 OECD 成员国在 2030 年可持续发展议程目标和指标方面的表现进行了高水平的评估。报告评估了 OECD 成员国为实现可持续发展目标(目前已有数据)所达到的程度,同时考虑到这些趋势可能受到 2019 年新冠疫情(COVID-19)的影响。报告通过对各国在可持续发展目标中表现的优势和劣势进行概述,旨在支持成员国在广泛的 2030 议程中制定自己的行动优先事项并评估和监测"2030 可持续发展议程"的实现情况。报告认为,OECD 成员国无法保证到 2030 年实现作为"2030 年可持续发展议程"的第 4 项目标(SDG4),因为目前有太多的儿童、青年和成年人缺乏教育和过上更好生活所需的基本技能。受到 2019 年新冠疫情的严重影响,OECD 成员国的教育系统为保持学习的连续性做出了重要努力,尤其是通过使用

---

① 唐科莉. 对"教育 2030"的全球回应[J]. 上海教育,2019(26):28—29.
② 本亚伦,曾龙. 从千年发展目标走向可持续发展:教育 2030 实施的现状、挑战及对策——基于《2016 全球教育监测报告》的分析[J]. 世界教育信息,2017,30(10):32—36.

数字技术的远程学习。对此,儿童和学生们已经可以更多地依靠自己的资源实现远程学习。然而,有些职业教育和培训不太适合远程教育,此外,家庭环境也有阻碍学习的风险。

四、我国监测研究的意义

推进我国教育 2030 目标是一项复杂工程,诸多因素影响了目标的达成,错综复杂的因果关系和不断演化的体系结构给发展规划的实施带来了极大的挑战,客观评价这一宏观战略任务的动态发展和实现水平对构建科学有效的监测评价指标体系提出了迫切要求。我国推进教育 2030 目标监测指标体系及方法研究加强了对教育监测价值层面的思考与定位,以更好地适应国际上从统计、描述到价值导向、民生问题导向的监测理念的转变。总的来说,建立科学的教育 2030 目标监测指标体系、加强教育监测方法研究具有重要的学术价值、应用价值和社会意义。

从学术价值来看,在国家加快推进教育现代化、提高教育治理体系和治理能力现代化的背景下,本书通过对我国推进教育 2030 目标实现所遇到的各种现实问题进行深入分析,从学理上深刻阐述了教育 2030 目标监测的导向性、长周期性、动态性和复杂性,总结提炼我国推进教育 2030 目标监测的模式,创新我国教育中长期规划目标监测理念和方法,推进我国在教育监测评价领域的理论自信,同时不断提高我国教育治理体系和治理能力现代化的水平。

从应用价值来看,本书将促使我国落实联合国教科文组织《教育 2030 行动框架》,推进《中国教育现代化 2035》,形成一套系统、权威、框架清晰、适合中国国情、彰显中国特色、具有国际可比性和国际影响力的教育 2030 监测指标体系、监测工具与方法,有助于教育 2030 目标监测的国际比较尤其是与发达国家的比较。本书在国家和地区间比较的参考系选择、目标参考值的滚动预测、定性和定量指标数据收集方法等方面的突破,以及在统计手段和抽样调查实施方法、指标数据分析方法等方面的创新,将有利于分析全国各地的教育现代化发展水平、薄弱环节及影响因素,推动全国各地区教育发展,又有利于把握我国在世界教育格局中的战略地位以及各地区在我国教育全局中的地位和作用,从而为制定国家及各地区教育发展的任务规划、路线图以及促进各地不断提高教育的现代化水平提供指导与支撑。

从社会意义来看,本书针对新时代我国教育发展的特征,利用定性和定量相结合的方法构建教育 2030 监测指标体系并设计可操作的测量工具与监测方法,注重用数据说话,做到科学、客观,同时强化对定性指标和数据的采集与分析,充分考虑人民群众的实际生活状态和现实获得感。本书将有助于全面正确认识宏观教育发展态势,全方位跟踪展示我国教育发展成就,凝聚多方力量,促进社会知晓度、参与度,形成广泛共识,增强教育自信,建立社会监督机制,推进教育规划目标的实施。

第二章

文献综述

构建教育 2030 目标监测指标体系是促进我国率先落实联合国"2030 年可持续发展议程"第 4 项目标(SDG4)的需要,更是我国实施教育现代化 2035 战略规划、加快推进教育现代化、建设教育强国、办好人民满意教育的重大举措之一。教育 2030 目标监测研究已经具有一定的理论和实践基础。本部分一方面关注教育发展监测的前沿理论,为推进教育 2030 目标监测指标及方法提供有力的理论指导,同时全面总结国际、全国及各区域教育规划目标监测推进的实践和做法,并从中找到推进我国教育 2030 目标监测指标体系构建及方法创新存在的主要问题,以及问题解决的探索及经验。从学术研究的角度看,近些年来我国的教育现代化发展相关研究受到高度关注,学术成果也渐趋增多,但对如何开展教育现代化监测评估,学界总体关注还不够。本部分试图通过理论学术探讨、国内与国际监测实践等维度的比较分析,主要聚焦在相对宏观的综合性监测评估理论与实践成果,揭示分析我国教育 2030 目标监测的主要需求。

一、教育发展监测理论前沿

尽管近年来关于教育发展监测的理论研究在我国学术界受到越来越多的关注,通过注重借鉴国际上教育监测经验并探索中国本土化研究路径,国家和各地区就教育现代化监测指标开展研制与测算评估,但如何构建更契合新时代背景、更完整反映教育发展状况、更具有引领教育改革和发展的指标体系,仍需要深入研究。

(一) 教育发展监测理论研究

教育监测理论是教育发展监测指标、监测方法与监测制度建设实践的指导。监测(Monitoring)一词原是项目工程上的用语,是指通过系统收集和分析项目数据信息来提高工作效率和项目组织的有效性。[1] 监测的本质是对客观发展过程的监督与控制,开展监测的根本目的是改进监测对象。监测既是手段,也是诊断工具,是监测主体为达成组织目标而采取的有效

---

① 沈南山. 基础教育质量监测:学业评价制度分析视角[J]. 教育科学研究,2010(7):37—40.

途径,通过连续不断的数据收集与分析为管理者提供有效证据来判断事物发展的趋势。① 尽管监测概念的话语表达见仁见智,但有一点是基本相同的,即监测是一个过程或一种有目的的改进手段,是一个持续监察的动态过程。当然,监测结果反之也会作用于监测改进,如调整监测方式、完善监测指标、规范监测流程等,从而形成一种持续改进的循环系统。

就其历史发展而言,教育监测与学生学力检测活动有着密切的联系,是从教育测量中逐步发展起来的,包括经典测验理论、概化理论、项目反应理论等。教育监测通过一系列标准化、系统化的指标,持续并常态化地收集教育系统中关于教育各要素指标的信息,形成教育监测指标数据库,监测组织机构或监测主体根据监测数据进行挖掘与分析。按照系统理论的观点,监测功能是监测系统内部所固有的一种潜能,而这种潜能只有在实践中才能表现或释放出来,这种潜能的外在表现即是监测的功能与作用。有研究指出,教育监测具有评价功能、诊断功能、反馈功能、控制功能、工具功能等重要功能。② 本质上,教育监测是实现教育发展目的的一种手段,也是开展教育问责和助推教育治理能力现代化的一个关键工具,其本身并不是目的。

教育监测理论研究产生于20世纪三四十年代。当时,美国学者拉尔夫·泰勒(R. Tyler)首次把测验与评估、评价做了区分,认为教育评估是衡量实际活动是否达到教育目标以及达到的程度,而测验则是实现教育评估的手段与工具,由此提出了目标评估模式(Goal-based Evaluation),这是教育评估理论发展史上第一个结构较为完整的教育评估模式。③ 20世纪50年代后期,泰勒的评估理论开始受到挑战,出现了许多新的评估理论和模式,诸如CIPP评估模式、目的游离评估模式、响应式评估模式、增值评价模式、反对者模式以及"全面质量控制"模式、元评估等。④ 古巴(E. G. Guba)和林肯(Y. Lincoln)进一步将教育评估理论发展过程划分为测量时期、描述时期、判断时期和建构时期四个阶段,⑤批判性地提出教育评估建构理论,指出教育评估是多方利益群体谈判协商的过程,评估者也被称为建构者。有研究者指出,元评估理论是一种好的教育监测方法,对教育质量监测过程、结果内外部有效性、科学性、可靠性、相关性、影响力以及效果等进行有效的衡量和科学的诊断,同时也是对教育监测本身的反思、总结、批判和审视。⑥ 上述教育监测理论与评价模式表明,教育监测理论发展受经济社会发展和教育

---

① Ministry for Foreign Affairs of Finland. Evaluation guidelines between past and future [M]. Helsinki: Hakapaino Oy, 2007. http://www.oecd.org/derec/finland/47384551.pdf.
② 李健,于泽元,谢姗姗,赵秋红,辛涛,宋乃庆.基础教育质量监测本土化与现代化——第四届中国基础教育质量监测与评价学术年会述评[J].中国考试,2019(5):73—77.
③ Joint Committee on Standards for Educational Evaluation. Standards for the evaluation of educational programs, projects, and materials [M]. New York: McGraw-Hill, 1981.
④ 黄小平,胡中锋.认知诊断评价理论视角下的教育测量理论述评——兼论认知诊断对基础教育评价的展望[J].中国考试,2012(12):3—10;一帆.教育评价的反对者模式[J].教育测量与评价(理论版),2013(5):64.
⑤ 埃贡·古贝,伊冯娜·林肯.第四代评估[M].秦霖,蒋燕玲,等,译.北京:中国人民大学出版社,2008:2—5.
⑥ 李健,于泽元,谢姗姗,赵秋红,辛涛,宋乃庆.基础教育质量监测本土化与现代化——第四届中国基础教育质量监测与评价学术年会述评[J].中国考试,2019(5):73—77.

环境的影响,是一个渐进的发展过程。

(二) 教育监测评价技术创新

教育监测理论与教育监测评价技术息息相关。研究显示,从社会学领域和心理学领域迁移发展起来的教育监测评估理论与技术已相对成熟。美国著名的哲学家、心理学家、教育学家和社会学家约翰·杜威(John Dewey)在他所著的《评价理论》一书中曾这样描述,"人类所有的行为举止,只要不是盲目地仅凭情感冲动行事或知识机械地例行公事的话,似乎都包含评价"。可以说评价是一项人类广泛参与其中的社会活动,是伴随着人类活动的形成而发展起来的。[1] 关于教育监测评价技术的探索,主要集中在方法论、具体监测技术两个方面。

一是方法论。教育监测正在经历从聚焦过程到结果为本,再到强调决策参与的重大转变,逐渐形成了基于政策制定、政策执行和政策影响的监测评估类型,注意不同教育政策监测层次中变量内涵的变化。尤为重要的是,教育监测在方法论上需要考虑我国国情和教育发展特点,如根据"在东方社会背景下发展起来的物理—事理—人理(WSR)评价方法论",把"焦点放在如何协调评价过程中所涉及的群体之间的关系"[2],这主要体现在核心指标选择、指标体系构造和评价结果分析上。

二是具体监测技术。从国际上监测评价方法与技术发展来看,20世纪80年代中后期以来,国际组织发布教育监测评价报告兴起及其影响不断扩大,监测评价方法与技术的改进逐渐受到关注,主要体现为监测评价方法与技术在注重时间维度上的连续性、年度比较的同时,越来越重视空间维度,空间统计与空间计量成为监测评价研究的关注内容,国家或地区之间的差异及其空间相关性成为监测评价中重要考虑。监测评价方法与技术受政府职能改革与治理模式转变、第四代评价理论影响,强调以用户为中心,聚焦结果与产出,回应社会对公共服务绩效的关切,监测评价从鉴定控制走向合作协商。监测评价方法与技术逐渐超越单纯数量意义上的分析,与制度、改革的关联分析以及对发展政策的影响成为改进方向,比如基于目标规划模型的评价方法主要是基于多目标和多属性决策的思想,利用运筹学中的目标规划模型,对评价方案进行择优使用的方法。常用的方法有ELECTRE方法、数据包络分析法(DEA)、TOPSIS方法等。这类方法比较适合于多目标和多属性决策领域,其特点是择优而非排序。[3] 回归到教育发展的监测技术上,有学者指出现代化内涵的多维性要求其评价方法的综合性,要分类、分层、分批进行评价,特别是与之前单向的督导有所区别,它要求方法更加综合,分为定性与定量、硬件与软件。在大数据时代,衡量教育发展监测离不开数据支持,特别是统计数据分析、文本解析、抽样调查、专家测评等方式。

---

[1] 约翰·杜威.评价理论[M].冯平,余泽娜,译.上海:上海译文出版社,2007.
[2] 赵丽艳,顾基发.东西方评价方法论对比研究[J].管理科学学报,2000(1):87—93.
[3] 彭张林,张强,杨善林.综合评价理论与方法研究综述[J].中国管理科学,2015,23(S1):245—256.

二、相关理论研究与实践探索

从世界范围看,规划教育发展目标并监测目标实施进程成为一个重要趋势,并且规划的超前性、中长周期、同经济社会的高度关联等特征增加了监测的难度。国内相关研究对教育现代化监测理论、监测指标体系与监测实践进行探讨,回应监测需求与难点问题,增强监测的系统性、前瞻性、针对性和操作性,这些都为我国推进教育2030目标监测指标体系及方法研究提供了理论指导与方向。

(一)教育现代化理论研究

从"现代化"到"教育现代化"。 学术界对"现代化"已经形成较为统一的认识。在西方国家,现代化是指由"传统的社会或前技术的社会转变为具有技术理性的高度分化的现代社会"①,或者是指由"一个专制固化的静态社会转变为一个具有变迁与革新取向的民主动态社会"②。在中国,现代化往往被区分为广义和狭义两种理解:③广义上的现代化主要是作为一个世界性的历史过程,是指自工业革命以来,由于生产力发展,社会生产方式发生大变革,从而导致传统的农业社会向现代工业社会转变,并引起社会组织与社会行为深刻变革的过程;狭义上的现代化则是指落后国家采取高效率的途径,通过有计划的经济技术改造和学习世界先进技术,带动广泛的社会改革,以迅速赶上先进工业国和适应现代世界环境的发展过程。从总体上讲,现代化这一观念的理论构造基本上无法摆脱"传统与现代""落后与发达"这种二分法。这种二分法也成为当前教育现代化研究的既定分析框架,亦是构成教育现代化这一观念的内部理论结构。

关于现代化的讨论与认识

现代化是人类共同的追求,是中国几代人梦寐以求的奋斗目标,更是中国共产党带领中国人民建立富强、民主、文明、和谐、美丽的社会主义强国的百年梦想。在学习讨论的基础上,我们对于现代化形成的初步认识如下。

1. 历史地看,现代化是一个动态发展变化过程,相对而言,反映对传统、对以往、对已有事物的改变和超越。

2. 现实地看,现代化是一个高水平的发展状态,具有突出的时代性,在任何具有可比性的坐标系比较中均处于排头兵的地位。

---

① 西里尔·E·布莱克.比较现代化[M].杨豫,陈祖洲,译.上海:上海译文出版社,1996:19.
② 艾森斯塔德.传统、变革与现代性——对中国经验的反思[M].吴薇,译//谢立中,孙立平.二十世纪西方现代化理论文选.上海:上海三联书店,2002:1087—1088.
③ 罗荣渠.现代化新论——世界与中国的现代化进程[M].北京:北京大学出版社,1995:16—17.

3. 发展地看,现代化是一幅更加美好的蓝图和愿景,是引领未来发展的标杆和旗子,是凝心聚力的努力方向。

4. 现代化是一个复合性概念,是一个内涵丰富的系统。这个系统可以是一个整体系统,如国家等,也可以进一步分解为若干子系统,如国防、教育等。

5. 不同时代,对现代化有不同的认识和理解,即便是同一时代,不同的人也有不同的现代化观念和标准。

6. 在实际操作中,难以做到用若干指标或数据来充分、全面地反映现代化。

7. 立足实操,教育现代化分为四个发展阶段,即初步现代化、基本现代化、整体总体现代化和全面现代化发展阶段。每个阶段的发展目标、重点任务和实施路径各有不同的侧重。

8. 在国家现代化框架内,教育现代化超前整体发展;在全国教育现代化框架内,发达地区的教育现代化超前全国整体发展。

从传统社会教育向现代社会教育过渡。对应传统社会与现代社会的分类,教育现代化观念进一步区分了传统社会教育与现代社会教育。在一些学者看来,现代社会教育的本质就是提高人的教育水平和发展能力,从而实现人自身的现代化,继而产生巨大的人力资源红利和人才红利。① 有学者指出,"教育现代化就是一个对传统社会教育瓦解、扬弃、进行创造性转化的过程,也就是使传统社会教育适应整个社会现代化的历史进程"②。因此,"教育现代化的实质就是要突破传统社会教育的束缚,以建立起超越性的教育机制,实现传统教育在现代社会的现实转化"③。

相较于传统社会的教育形态,现代社会的教育形态在世俗化、民主化、专业化、科学化等方面都有极大发展,呈现出人道性、民主性、理性化等新特点和新性质。④ 此外,由于传统社会的教育形态是一个较为完整的系统,泛指历史延续下来的整个教育思想观念、教育制度、教育内容和教育方法,因此教育现代化必然是全方面的教育变革,其作为一种对传统教育形态的改造,就必须完成人们的思想观念、道德观念、思维方式、行为方式、心理意识的全面转变和更换,以最终实现整个社会的变革。⑤ 总的来看,传统社会教育与现代社会教育的二分是当前教育学术界理解教育现代化的一个既定分析框架,因为只有区分出两种不同社会的教育形态,才能够体现出教育现代化观念中"化"的意味。其一方面指明一种"质的转换",即教育的性质或状态

---

① 胡鞍钢,王洪川.中国教育现代化:全面释放巨大红利[J].清华大学教育研究,2016(4):7.
② 田慧生.中国教育的现代化[M].昆明:云南人民出版社,1997:7.
③ 王铁军.教育现代论纲[M].南京:南京师范大学出版社,1999:30.
④ 褚宏启.教育现代化的本质与评价——我们需要什么样的教育现代化[J].教育研究,2013(11):4.
⑤ 黄济,郭齐家.中国教育传统与教育现代化基本问题研究[M].北京:北京师范大学出版社,2003:207.

在不同的社会中发生了根本性变化,另一方面指明一种"转换的过程",即传统社会教育向现代社会教育所作的改变或变化。①

教育现代化理论流派及其精髓的辩证式吸收。教育现代化内涵的发展性与丰富性带来对教育现代化理解的复杂性,给当前学界就教育现代化问题达成共识带来诸多困扰。经典现代化、后现代化与第二次现代化(新现代化)是理解现代化的三种基本理论,②而澄清这三种理论的内涵与外延、三种理论边界、辨别标准,并在此基础上分别阐明从不同理论视角出发对教育现代化的不同理解,有助于厘清教育现代化理论发展的脉络,定位在新时代背景下如何理解教育现代化的问题。比如,经典现代化是现代化发展的较早阶段以及基础阶段,因此顾明远先生认为,教育现代化可以分为两个阶段,从工业化角度理解教育现代化是其中的早期阶段,这一阶段的教育具备"受教育者的广泛性与平等性;教育经费投入的增加;教育制度的国家化、集中化;教育思想的科学化、人本化;重视教育思想的生产性;教育内容以科学为主"等特点。③ 又如,作为后现代思想的流派无论是解构性后现代思想还是建设性后现代思想,其根本出发点都是反思、批判教育现代化中现代性过剩可能带来的弊端,并对这些弊端提出警示,重视探求超越教育现代化的可能路径,采取更加温和以及辩证的态度审思现代性的问题,以提供建设性的解决方案为更根本的目的,建设性的后现代理论在一定意义上也能够为中国的教育现代化发展提供方法论借鉴与解决方案。

从新时代历史方位理解教育现代化,主要包括三个内涵。

一是按照新时代中国特色社会主义现代化的战略部署定位教育现代化。教育现代化是国家现代化的先导,对建设"社会主义现代化强国"具有支撑与引领作用。"教育现代化2030"与"教育现代化2035"都体现了教育现代化发展新阶段的要求,虽然两个概念有着各自的重要内涵,但都对在新的历史方位下理解教育现代化具有重要意义。因此,进一步阐明"教育现代化2030"与"教育现代化2035"的含义和两者之间的关系,是从新现代化角度思考教育现代化问题的时代要求。

二是以世界先进水平为标准定位教育现代化。当代中国的教育现代化"是立足当代世界的现代化,是以世界最新、最高发展水平为目标的现代化"④。对于作为发展中国家的中国而言,教育现代化"是追赶和达到世界先进教育水平的过程"⑤。在此基础上应当认识到,一方面,虽然我国当前仍然是发展中国家,仍然处于社会主义初级阶段,但随着新时代的来临,我国正处于不断步入世界舞台中央的强起来的过程。教育作为社会发展的基础性、先导性力量,应当

---

① 邬志辉. 中国教育现代化新视野[M]. 长春:东北师范大学出版社,2000:20.
② 何传启. 东方复兴:现代化的三条道路[M]. 北京:商务印书馆,2003:108.
③ 顾明远,薛理银. 比较教育导论——教育与国家发展[J]. 北京:人民教育出版社,1998:205—208.
④ 项贤明. 创新人才培养是教育现代化的战略核心[J]. 中国教育学刊,2017(9):71—75.
⑤ 曾天山. 教育现代化是引领教育事业科学发展的先导旗帜[J]. 中国高等教育,2013(8):3—7.

具有"强起来"的预见性和先导性。另一方面,在民族崛起、国家复兴的历史机遇期,中国面临的挑战也是前所未有的,从世界先进水平视角来看,教育现代化理应能够积极、主动地应对发展、崛起带来的挑战。因此,从新现代化角度理解教育现代化,其根本旨趣在于抓住历史机遇期,不断追赶世界先进水平,并实现与世界先进教育并行乃至引领世界教育发展的目标。这就要求在普及教育的发展基础上,注重教育的内涵式发展、品牌化发展以及质量提升,实现对世界一流水平教育的追赶、并行乃至超越;通过教育的包容性、多样化发展,丰富教育的种类,彰显我国教育的大国气度;通过教育的特色化、民族化发展,凝聚中国式的"国家教育现代化建设的背景底色"①,在世界教育舞台上发出中国教育的声音,展现中国教育的智慧。

三是从社会发展新趋势理解教育现代化。从知识化、信息化等当代社会发展的重要趋势角度出发理解教育现代化。尤其是,知识社会、学习型社会的来临是新现代化的重要特点,因此要大力推进终身学习的发展,拓宽教育的时空边界,进一步丰富、完善教育体系,强调教育要涵盖人的一生,提供从幼儿到老年的不间断的各级各类教育,为学生提供更多的教育可能。从定位工业化向定位信息化的转变,是从教育现代化1.0向教育现代化2.0的转变。② 信息化与教育现代化的深化发展有着密切的关系。新时代教育现代化的发展离不开信息化的推动,教育信息化不仅是实现教育现代化的重要着手点和巨大推动力量,更是教育现代化的特征之一。教育信息化既是教育现代化的推动力量,也是教育现代化本身的目标,信息化给教育带来的观念与实践上的变革更是理解教育现代化的重要方面。

总体来说,新时代中国特色社会主义教育现代化的基本任务须从"基本实现现代化"的目标出发,立足解决"人民日益增长的美好生活需要和不平衡不充分的发展之间的矛盾"。与此同时,教育现代化须在我国教育传统的基础上立地生根,并具有一定的超前性,应当能够适当引领"社会主义现代化强国"建设。习近平总书记指出,我们要坚持"道路自信、理论自信、制度自信,最根本的还有一个文化自信"③。教育现代化的发展应当警惕教育传统中有不适应现代社会的部分,但并不能因此摒弃几千年的历史发展所凝聚下来的宝贵教育传统。我国教育传统中优秀的历史基因与文化情怀能够为新时代教育现代化的生长提供基础。应当清醒地认识到,我国当前需要的现代化只有积极适应并引领新的发展趋势,才能真正实现建设"社会主义现代化强国"的追求。一方面积极适应知识化、信息化、生态化、全球化的新思想、新平台与新技术带来的教育变革,另一方面以新现代化的思维丰富对教育现代化融合式发展基本任务的理解,以人与自然和谐共存、"绿水青山就是金山银山"的生态理念,全球思维、全球眼光、全球理念与人类命运共同体意识,重视创新、共享共赢的互联网思维,以及终身教育理念丰富教育

---

① 袁晶,张珏.基于理念现代化引领下的国家教育现代化发展研究——面向2030教育现代化的思考[J].现代教育管理,2017,(10):1—5.
② 杨宗凯.以信息化全面推动教育现代化:教育技术学专业的历史担当[J].电化教育研究,2018,(1):5—11,35.
③ 习近平.在哲学社会科学工作座谈会上的讲话[N].人民日报,2016-05-19(2).

理念。

(二) 教育现代化监测指标研究

教育现代化监测指标体系的顶层设计。 学界普遍认识到教育现代化的系统性和复杂性，认为指标体系构造应体现现代化理念、国际化视野、科学发展思路和改革发展新趋势，应用综合评价理论和方法，考虑教育投入、教育过程和教育产出以及学前教育、义务教育、普通高中教育、职业教育、高等教育、继续教育等不同教育层级，同时覆盖普及与公平、结构与质量、条件与保障、服务与贡献等多个主题，建立多类多个监测指标构成的指标体系，以便能够对全国和各地区教育现代化做出全局性、整体性评价。教育现代化监测，具有实时性、过程性、动态性等特征，常常需要对连续几个年度的指标目标实现程度进行比较，并评价省级发展水平与进步、区域差异、中国在世界上的相对位置，深入分析与指标相关联的经济社会发展、人口变动迁移、教育体制机制改革因素。教育现代化发展具有阶段性特征，不存在一个衡量教育现代化实现与否的绝对值，不同阶段的教育现代化有不同的衡量标准。为此，教育现代化监测的方法与技术，涉及历史时序统计数据及其预测推算、抽样调查数据采集、坐标系和权重确定、数据挖掘分析等，因而有必要从系统角度全面把握监测评价的方法和技术，以一种系统的思路将众多的监测评价方法组织起来。此外，完善信息公开制度、监测结果反馈机制以及建立专业的监测机构都被视为支撑教育现代化监测的保障。

区域教育现代化监测指标。 全国教育现代化目标的实现有赖于区域教育现代化的推进，区域教育现代化监测是国家教育现代化监测的重要组成部分。李琳、徐烈辉提出对中国教育现代化进行区域聚类与特征分析，进而进行区域指标体系研究。[1] 任莉莉认为，陕西省高等教育现代化的内涵主要表现有：高等教育规模大众化、高等教育的多样化发展、高等教育的国际交流与合作加强、民办高等教育蓬勃发展、高等教育信息化建设加快。她通过对上述高等教育现代化内涵进行定性分析，构建陕西省高等教育现代化指标体系的内容。[2] 广东省构建的高等教育现代化指标体系包括规模、效益、质量和资源4个一级指标和20个二级指标。[3] "上海高等教育现代化指标研究"课题组构建了由规模、结构、质量、经费与管理五个方面组成的上海高等教育现代化发展指标体系。[4] 从研究文献来看，我国教育现代化监测指标体系研究主要集中在发达地区。

宏观层面教育现代化监测指标。 张勇格制定了由全民教育、素质教育、终身教育、社会联系、投资增长、外部环境、内部环境、系统效益8类109个具体指标构成的教育系统可持续发展

---

[1] 李琳,徐烈辉.区域教育可持续发展评价指标体系的构建[J].湖南经济管理干部学院学报,2006(1):99—104.
[2] 任莉莉.陕西高等教育现代化进程研究[D].西安:西北大学,2010.
[3] 刘晖.广东省高等教育现代化的指标体系研究[J].高教探索,1997(4):32—35.
[4] 上海高等教育现代化指标研究课题组.上海高等教育现代化框架及其指标的展望[J].教育发展研究,2007(4):17—23.

评价指标体系。①黄莉芳以教育发展水平、教育发展效率、教育发展潜力、教育发展开放度和教育发展均衡度5个一级指标来量化我国的教育可持续发展进程。②李琳则从结果和影响因素两个方面来分析区域教育可持续发展水平。从结果分析,区域教育可持续发展目标的实现程度表现为两个层面,一是区域教育系统与区域社会环境系统之间的协调发展程度;二是区域教育系统自身的可持续发展实现程度。从影响因素分析,区域教育可持续发展受内部因素和外部因素的影响,内部因素与外部因素的作用过程即是区域教育可持续发展的演变与可持续发展水平逐步提高的过程。依据这种思路,该指标体系由目标层、2个一级子系统层、4个二级子系统层、13个三级子系统层,共68个具体指标构成。③

微观层面考察教育现代化指标。邬志辉设计了一套从微观层次考察教育现代化的指标体系,即学校教育现代化指标体系。该指标体系分析当今社会的时代性新特征和社会对人之发展的全面性要求,作为学校教育现代化指标体系建构的逻辑起点,将学校教育现代化指标设为6大领域25项。④ 其中,资源包括生师比、生均经费、生机比、校园网流量、生均图书、生均占地面积,质量包括数学、阅读、科学、外语、公民、学会学习、ICT(信息与通信技术),公平包括教育基尼系数、班级规模,持续性包括教师教育与训练、辍学率、留级率、学生自由学习与活动时间,管理包括学校教育的评价与导向、家长与社会参与、学校气候,生命活力包括幸福感、满意度、积极性。

高等教育现代化监测指标。有学者从教育内部要素出发对高等教育指标进行研究,包括观念、结构、人力、教育财力与物力和制度等内容,即教育思想现代化、教学体系现代化、办学条件现代化、教育管理现代化、师资队伍现代化、高等教育毛入学率、高等教育的生均经费投入和生均经费指数、每万人口在校大学生人口、高等教育生师比、高等教育信息化程度和高等教育学习终身化等。王洪才从高等教育的总体层面出发,制定了11个方面指标来考察高等教育现代化,⑤具体指标包括高等教育毛入学率、每万人口在校大学生数、高等教育的生均经费投入及生均经费指数、高等教育的生师比、高等教育的开放度、高等教育评价体系的社会化程度、高等教育的课程设置与社会经济发展需要适应程度、高等教育的信息化程度、高等教育管理的专业化程度、高等教育办学的社会参与性、高等教育学习机会终身化。

对接国际发展趋势研发教育现代化指标。从国际上看,许多国家都十分重视教育公平理念。但长期以来,我国教育发展关注的重心主要在教育发展的速度、规模、结构上,反映在目前的教育指标体系中,主要表现为教育发展的数量、规模等方面的指标较多,明显缺少反映地区

---

① 张勇格.中国教育可持续发展的评价指标体系[J].太原教育学院学报,2004(6):16—18.
② 黄莉芳.中国教育可持续发展进程评价[J].统计与决策,2005(2):38—39.
③ 李琳,徐烈辉.区域教育可持续发展评价指标体系的构建[J].湖南经济管理干部学院学报,2006(1):99—104.
④ 邬志辉.学校教育现代化指标体系的建构设想(下)[J].小学教学参考,2005(27):4—6.
⑤ 王洪才.关于高等教育现代化指标的探索[J].天津市教科院学报,2003(6):35—37.

差距、城乡差距、阶层差距等教育公平方面的指标。因而教育现代化监测指标把教育质量和教育公平作为关注对象,在教育公平成为热点问题的社会转型时期显得尤为重要。譬如李健宁、潘苏东以开放的复杂巨系统理论及方法论为指导,借鉴联合国环境规划署(UNEP)基于加拿大"压力—状态"框架,发展出"压力(Pressure)—状态(State)—响应(Response)"框架模型,将教育现代化系统(EMS)和"压力—状态—响应"框架模型相结合,提出一个教育现代化指标体系框架与政策工具矩阵的基本构想,并把教育现代化指标体系分为三个系统(教育现代化动力系统、教育现代化质量系统和教育现代化公平系统),每个系统通过"压力—状态—响应"框架模型再细分出各级子指标,特别是把教育公平和教育质量作为教育现代化监测的关键内容。①

(三)教育现代化监测指标实践探索

国家教育统计指标的持续改进。教育统计和评价指标系统是国家对教育事业进行宏观监控的重要组成部分,因而所选指标主要侧重于教育现状的描述,对整个国民教育水平、结构及其支持条件的评价和监测,多为基础性、结构比例性指标。目前,我国已经建立起的国家级教育指标体系有:教育统计调查指标体系和教育评价与监测指标体系。前者共 7 类 90 项,侧重于教育现状的数量性描述,基本上属于原生性或基础性指标;后者共 4 类 77 项,侧重于对整个国民教育水平、结构及其支持条件的评价和监测,全部为再生性或结构比例性指标。

我国教育统计指标可分为四类,具体如下:(1)综合教育程度,如教育总投入占的比重、人口文盲率、小学学龄人口平均预期受教育年限、未成年中小学生犯罪率等。(2)国民接受学校教育状况,如学龄人口入学率、在校率、留级率、辍学率、保留率、考试及格率、体育锻炼达标率、毕业班学生毕业率、升学率、九年义务教育普及率、学校平均规模等。(3)学校办学条件,一是师资方面,包括专任教师岗位合格率、学历合格率、平均任教年限、师生比;二是学校条件指标,如生均校舍建筑面积、中小学校标准化校舍比重以及实验室、图书馆、体育场馆达标率和学校生均占地面积等;三是教育经费方面,如教育财政支出占的比重、政府财政支出中教育支出的比重、生均预算内教育经费、生均教育经费指数、生均教育事业费用、公用经费比重;四是学校教学仪器、设备实验指标,包括理科教学仪器配备达标率,卫生、音乐、体育、美术器材配备达标率,办公家具设备配备达标率等。(4)教育科学研究,即学校科研人员比重。②

教育统计报告是开展教育统计所形成的重要成果。目前我国教育统计报告主要有《全国教育事业发展统计公报》《中国教育事业统计年鉴》《中国教育经费统计年鉴》等。此外,中华人民共和国教育部发展规划司每年出版《中国教育事业发展统计简况》及《教育统计常用指标》,对教育发展总体状况进行统计。

区域层面的实践探索。教育现代化是一项内涵丰富、外延广阔、内容复杂的系统工程,全

---

① 李健宁,潘苏东.关于教育现代化指标体系设置的构想[J].现代人学教育,2004(1):11—16.
② 邱白莉.教育现代化指标体系比较研究[D].南京:南京师范大学,2006.

国各地尤其是上海、江苏、浙江、广东、成都等地区对教育现代化指标体系进行了有益的实践探索。上海市教育科学研究院牵头完成的"教育现代化进程监测评价指标体系",其中40个核心指标用于全国综合评价,18个核心指标用于国际比较,31个核心指标用于省级评价。该指标体系采取综合指数和分项指数的方法,监测全国和各地区教育现代化进程,了解中国教育在世界上的位置,分析我国教育发展的成就和挑战,把握各地区教育现代化发展态势,为推进2020年基本实现教育现代化提供支持。同时,课题组开展教育现代化的理论研究、专题研究,以及监测我国15个副省级城市的教育现代化发展状况。

浙江省在开展县(市、区)教育现代化评估的基础上,启动实施教育现代化发展水平指数监测。浙江省教育厅通过财政拨款和购买服务方式委托杭州师范大学承担监测评价工作。江苏省在推进教育现代化建设的过程中,始终把监测评估作为创新机制、重要举措和有效抓手。2014年,为适应江苏省从县域基本教育现代化向省域总体教育现代化跨越的新形势,江苏省教育评估院受江苏省教育厅委托,率先开展教育现代化建设监测。监测工作根据江苏省政府颁发的指标体系,每年对全省(含高校)13个设区市和106个县(市、区)教育现代化进程进行监测。历经四年的实践与探索,形成了具有江苏特色的监测评估模式。自2013年,成都市以率先在中西部基本实现教育现代化为目标,对各区(市)县教育现代化发展水平进行监测。成都市政府教育督导团委托成都市教科院研制《教育现代化发展水平监测指标体系》,每年开展动态监测,发布《成都市教育现代化发展水平监测年度报告》,可为政府决策提供咨询。

(四)部分地区教育现代化监测指标的主要内容

基于上述地区教育现代化监测指标探索,从内容框架、指标形式与具体评价等方面分析教育现代化监测指标体系。

1. 框架内容

一是注重指标体系框架的科学性。由于教育现代化涉及教育的方方面面,一级指标的划分需要一个严密的逻辑框架支撑。国际通用的教育指标模式为"投入—过程—产出"模式,从上述地区指标体系的内容来看,其框架设计或多或少都受此模式影响。广东省指标体系框架与"投入—过程—产出"模式最为接近。与"投入""过程""产出"相对应,广东省设计了"教育现代化保障""教育现代化实践""教育现代化成就"3个一级指标。江苏省设计的一级指标有8个,其中"教育保障度"和"教育统筹度"属于教育供给和制度保障,可归为"投入";"教育普及度""教育公平度""教育质量度"和"教育开放度"属于教育自身发展的程度与水平,可归为"过程";"教育贡献度"和"教育满意度"属于教育的外部贡献和影响,可归为"产出"。相对来讲,浙江省的指标体系从内容上更偏重于"过程",5个一级指标中除了"优先发展"和"改革创新"属于对教育人、财、物的保障和制度保障,可归为"投入"之外,"育人为本""促进公平""提高质量"从其二级指标内容上来看绝大多数都属于教育自身的发展,可归为"过程"。教育的"产出"只涉及了教育对人发展的影响(提高人均受教育年限),作为其中一个二级指标放在了"促进公平"

内容中。上海市的指标体系从内容上更偏重于"投入"和"产出",9个一级指标中的"教育布局、结构的合理程度""政府对教育的投入水平""义务教育资源均衡配置程度""教育信息化水平"等4个指标可归为"投入";"教育国际化水平""学习型城市建设水平"两个一级指标可归为"过程";"教育发展水平""学生综合素质水平""社会满意度"从其内容上讲可视为教育对个人发展和社会发展的外部贡献,归为"产出"。

二是兼顾省情教情与国际可比性。教育现代化指标体系一方面应选取国际组织通用的教育监测指标,体现国际可比性,另一方面需突出中国教育现代化进程的特点,重点关注我国教育改革发展中的重点、难点和热点问题。上述地区指标体系基本上体现了两者的统一。相对而言,浙江县域层面的教育现代化指标体系更加侧重解决教育实践中的具体问题,许多二级指标和三级监测点的设置都体现了国情和省情,如浙江二级指标设有"平安校园",三级监测点"落实'减负'责任""确保学校按规定开课""建立校舍维修改造长效机制"等。上海市的指标体系更好地体现了国际教育发展的可比性,大部分指标都选取了国际通用的指标,如"财政性教育经费占GDP比例""高校境外学生占在校生的比例""每十万人口在校大学生数""新增劳动力平均受教育年限"等。江苏省的指标体系设计则力图实现两者的协调:一方面吸收了大量的国际通行的指标,如"各级教育毛入学(园)率""高水平大学数量""留学生占普通本科高校在校生比例""新增劳动力人均受教育年限",另一方面也设计了许多能够反映江苏省情和特色的指标,如在"城市和农村居民社区教育活动年参与率"中增加"老年人年参与率"子项,更符合江苏老年社会的发展趋势。此外,针对江苏生均经费偏低的情况,在"投入水平"二级指标中,设计了"各级教育生均预算内教育经费在全国省份排名"监测点。广东县域层面的指标体系在大量关注解决教育现实问题的基础上,也尽可能吸纳了具有国际可比性的指标,如"升学率与就业率""教育对县域社会发展的贡献力""农村适龄人口教育机会""女性适龄人口教育机会"等。

三是突出对实际工作引领推动性。教育现代化指标体系对于教育现代化实践具有细化目标、引领发展、监控过程、评价结果等多重功能。其中,引领发展是最重要的功能。浙江、广东的指标体系内容非常全面,涉及教育工作中的方方面面,绝大多数都是在教育实践工作中需要重点关注和解决的现实问题,引领功能体现得十分明显。浙江在文件中则明确要求每年各县要上报年度实施情况,对各地创建工作的进展情况进行定期通报。在江苏的8个一级指标中,有4个是有关教育自身发展的过程和水平的,立足点也是为了推动工作、引领教育水平提升,4个一级指标权重分值占一半以上。此外,江苏在指标体系中还设计了体现现代教育理念、适应时代发展潮流、体现未来发展需要的前瞻性的指标,如教育普及度中的"继续教育"二级指标,教育公平度中的监测点"提供多样化教育",以及"困难学生受帮扶比例""高校学分互认比例""各类教育协调发展与互通衔接""技能人才满足经济社会发展需求"等。

四是体现定性定量指标的结合。指标体系是全部采用定量指标,还是全部都是定性指标,抑或定量和定性指标相结合?指标形式的不同决定了指标内容的选取原则不同,也决定了指标体系监测和实施方式的不同。上海和江苏较好地采用了定量和定性相结合的形式,上海市的 28 个二级指标中有 13 个定性指标,江苏省的 46 个三级监测点中有 14 个定性指标。从国际教育指标体系的设计来看,定量和定性指标相结合是教育指标体系的主流和发展趋势。因此,在数据可采集、能量化的前提下尽量量化,不能量化但与教育现代化的关联度强、对教育实践具有重要引领性的指标可采用定性描述的方式。

2. 指标选取及其特点

从具体指标设计来看,上海市的指标体系一级指标 9 个,二级指标 28 个;江苏省的指标体系一级指标 8 个,二级指标 16 个,三级指标 46 个;广东省的指标体系一级指标 3 个,二级指标 14 个,三级指标 43 个;浙江省的指标体系一级指标 5 个,二级指标 12 个,三级指标 41 个。除上海市外,江苏、浙江、广东的指标体系都包含三级指标。尽管地区之间的指标体系逻辑框架不同,指标所涵盖的内容和范围也不尽相同,但教育现代化的核心如教育普及、教育公平、教育质量、教育保障等,属于共通的内容。针对各部分共通内容,对具体指标(监测点)选取情况的比较分析如下所述。

一是关注教育普及。在江苏指标体系中,教育普及度是一个独立的一级指标,包含"各级教育"和"继续教育"两个二级指标,分别包含"各级教育毛入学(园)率"和"终身学习网络覆盖率""从业人员继续教育年参与率""城市和农村居民社区教育活动年参与率(其中:老年人年参与率)"等指标。上海教育普及内容(各级教育毛入学率)没有单独设立一级指标,而是属于"教育发展水平"一级指标的部分内容,另外专门设置"学习型城市建设水平"一级指标,反映了终身教育的内容,下设"社区教育三级网络基本形成""学校和社会公共文化、体育设施资源的共享水平""企业用于员工继续教育和培训的经费占员工工资总额的比例"三个监测点。浙江各级教育入学率和继续教育的内容也没有单独设立,都包含在三级指标"提高人均受教育年限"的认定办法说明中,列属于一级指标"促进公平"下的二级指标"各类教育协调发展"。广东各级教育入学率的内容也包含在三级指标"适龄常住人口入学(园)率"认定办法说明中,列属于一级指标"教育现代化成就"下的二级指标"教育公平"。关于终身教育的内容单独设立了三级指标"终身教育体系",列属于一级指标"教育现代化保障"下的二级指标"教育体系"。这些地区在教育普及上选取的指标较为类似,而从内容设计来讲,江苏将各级教育和继续教育并列作为教育普及度的二级指标,突出了对继续教育发展的推动和引领,思路上也更为清晰。

二是关注教育公平。在江苏的指标体系中,教育公平度也是一个独立的一级指标,包含"机会均等"和"资源配置"两个二级指标,分别包含"入学残疾儿童少年享受 15 年免费教育的比例""进城务工人员随迁子女与户籍学生享受同等待遇的比例""提供多样化教育"和"义务教育城乡、学校间条件均衡化比例(其中:教师合理流动比例)""非义务教育阶段学校公共资源供给""困难学生受帮扶比例"等指标。上海在教育公平方面设计了一个一级指标"义务教育资源均衡配置程度",包含"校舍建设达标学校的比例"和"教师合理流动机制基本形成"两个二级指标,在"教育发展水平"一级指标下也有部分关于弱势群体受教育机会保障的内容。浙江设计了一个一级指标"促进公平",下设"义务教育均衡""各类教育协调发展""弱势群体教育保障"三个二级指标,其中"义务教育均衡""弱势群体教育保障"是两个有代表性的二级指标,下设8个监测点。广东"教育公平"是一级指标"教育现代化成就"下的一个二级指标,包含10个监测点,其中8个是有代表性的监测点。从教育公平指标选取情况来看,这些地区都包含了教育资源配置和平等受教育机会两个维度。上海、浙江、广东都强调了义务教育资源配置均衡,而江苏除此之外,还涉及"非义务教育阶段学校公共资源供给"。上海、江苏、广东"教育资源均衡配置"指标内容都包含了教师流动。江苏的"义务教育城乡、学校间条件均衡化比例"监测点包含范围广、概括性强。关于"受教育机会",江苏、浙江、广东三省都对残疾儿童、外来务工子女、贫困生三类群体加以关注,除此之外,江苏专门提到了身心发展困难学生、浙江也提到了对学习有困难、行为有偏差的学生的帮扶,两者都属于新设亮点指标,值得借鉴。另外,江苏在教育机会二级指标中还设计了"提供多样化教育"三级指标,为不同特点的学生提供适切的多样化的教育,凸显了更高层面的教育公平理念。

三是关注教育质量。在江苏指标体系中,教育质量度是一个重要的一级指标,占有较大的权重,包含"学生综合素质"和"学校办学水平"两个二级指标,下设6个监测点。上海关于教育质量设计了"学生综合素质水平"一个一级指标,包含"学生思想道德水平""学生学业水平""学生身心健康水平"三个二级指标。浙江设计了一个一级指标"提高质量",下设三个二级指标,其中"建立评价机制""教育质量稳步提高"是典型的教育质量指标。此外,一级指标"育人为本"下设的二级指标"教学安排"也体现了教育质量的内容。广东"教育质量"是"教育现代化成就"中的一个二级指标,下设两个三级指标。此外,与教育质量相关的,广东还设有"学生培养""教育特色"两个二级指标。关于"教育质量"的内容设计,这些地区在指标选取上主要划分为学生和学校两个维度,学生素质方面,上海和江苏在德智体之外都提到了学生心理健康水平。另外,江苏在"学生学业测试合格率"指标中将"中高等职业院校毕业生双证书获取率"作为一个子项,很有特色。在学校办学水平方面,江苏、广东都专门设计"培养模式"三级监测点,浙江设置了"建立评价机制"三级监测点,力图从学校的软件建设入手,引领学校深入推进课程改革,促进教学和评价模式的创新,可谓是抓住了当前影响学校办学水平的突出问题。此外,广东设计了"教育特色"二级指标,教育特色与教育质量密切相关,将其设计转化为教育质量指标,颇具新意。

四是关注教育投入。教育投入水平是教育现代化必不可少的指标。在江苏的指标体系中,"教育投入水平"是一级指标"教育保障度"下的一个二级指标,包含了3个监测点。在上海的指标体系中,"政府对教育的投入水平"是一级指标,下设两个监测点。在浙江的指标体系中,"经费保障"是一级指标"优先发展"下的一个二级指标,下设3个监测点。在广东的指标体系中,"经费投入"是一级指标"教育现代化保障"下属的一个二级指标,下设3个监测点。在教育投入上,这些地区指标选取情况差异较大,浙江和广东都选取了"三个增长"的检测视角,浙江提出了"按规定提取土地出让净收益用于发展教育",广东提出了"经费使用的监测与效益评估",上海设计了"市级财政统筹和转移支付的水平"监测点,这三个监测点都采用定性描述的方式,使教育经费投入的指标内容更为全面。

五是关注师资水平。在江苏的指标体系中,"师资水平"是一级指标"教育保障度"下的一个二级指标,包含了3个监测点。在上海的指标体系中,"师资队伍建设水平"是一级指标,下设5个监测点。浙江"教师保障"是一级指标"优先发展"下的一个二级指标,下设3个监测点。广东"人才资源"是一级指标"教育现代化保障"下的一个二级指标,下设3个监测点。关于"师资水平",这些地区都选取了教师培训方面的监测点,上海、江苏、广东都提到了教师的学历水平。此外,上海设计了生师比指标,江苏设计了"师德与专业能力建设"指标,将教师师德建设涵盖在内,内容更为全面。江苏还设计了"教师领军人才数在全国的占比"监测点,充分体现了教育现代化指标的高起点、高标准。

六是关注教育信息化。教育信息化是教育现代化的重要体现,江苏、上海、广东的指标体系都包含了教育信息化内容。在江苏的指标体系中,"信息化水平"是一级指标"教育保障度"下的一个二级指标,设计了"国家信息化标准达标率"一个监测点。在上海的指标体系中,"教育信息化水平"是一级指标,下设两个监测点。广东"教育信息化"是一级指标"教育现代化保障"下的一个二级指标,下设3个监测点。在教育信息化方面,上海不仅强调了硬件建设,设计了"校园网联通率"监测点,还强调信息技术在教育教学中的使用水平;广东在提出信息化建设的同时也设置了教育信息化成效监测点,这使得监测内容更为全面。

七是教育开放程度。在江苏的指标体系中,教育开放度是一个独立的一级指标,包含"资源共享"和"国际化水平"两个二级指标,将"教育开放"分为教育对外开放及教育与社会之间资源的相互发放和共享两个维度,共设6个监测点。上海关于教育开放设计了一级指标"教育国际化水平",下面包含两个二级指标。另外,设立了"学校和社会公共文化、体育设施资源的共享水平"二级指标,归属于"学习型城市建设水平"的一级指标。广东"教育国际化"是一级指标"教育现代化保障"下的一个二级指标,包含两个监测点。在教育对外开放方面,上海和江苏都从"走出去"和"引进来"两个方面设计指标,吸纳了某些国际通行的指标,如"留学生占普通本科高校在校生比例"。广东力图在县域层面反映教育国际化内容,"跨文化教育和国际理解教育"此监测点选取得较为贴切。江苏的亮点在于将"资源共享"和"国际化水平"并列,拓展了教育开放的内涵,并且设计了"高校学分互认比例"指标,具有前瞻性和引领性。

八是关注教育贡献。教育贡献分为对人发展的贡献和对社会发展的贡献两个维度,其中对人发展的贡献,国际通用的指标除了各级教育入学率、升学率外,还涉及了国民素质和文化水平的劳动力受教育年限等指标。由于仅限于县域,浙江的指标体系除了各级教育入学率、完成率指标外,其他的关于教育贡献的指标没有涉及。广东力图在县域层面体现教育对经济社会发展的外部贡献,在"教育现代化成就"一级指标下设置了教育效益二级指标,包含"教育对县域社会发展的贡献力"监测点。在江苏指标体系中,教育贡献度是一个独立的一级指标,包含"受教育水平"和"社会服务能力"两个二级指标,下设6个监测点。在上海的指标体系中,教育贡献不是一个独立设置的一级指标,教育贡献的3个相关监测点"新增劳动力平均受教育年限""高校毕业生初次就业率""高校科技论文被国内外引用数"属于"教育发展水平"一级指标。江苏关于教育贡献的指标更为全面,并且在"社会服务能力"二级指标中,还设计有"技能人才满足经济社会发展需求"监测点,体现了技能人才对当前社会经济发展的重要性,对职业教育的发展具有重要的引领作用。

3. 监测方法

指标形式不同,决定了指标体系评价方法的差异。浙江采用计分制,5个一级指标总分1 060分,定性指标采用分档计分,达标得满分,基本达标得满分的50%,不达标的不得分。前41项三级指标评估没有不达标,且总分达到850分以上的,为基本实现教育现代化;总分达到950分以上的,为实现教育现代化。广东采用分级制,二级指标的检测结果分为A、B、C、D四个级别,教育现代化和基本现代化有不同的标准,县域教育实现现代化的标准(A≥12,C=0,D=0),且所有必达指标为A;县域教育基本实现现代化的标准(A≥9,C≤1,D=0),且所有必达指标为A。

上海和江苏采用定性和定量相结合的方式,其监测和实施相对更为便捷、操作性更强。采用计分制,总分100分,实际教育现代化的实现指数和得分根据各单项指标实现程度与权重分值进行加权计算而得出。定量指标的实现程度采用统计数据计算现值与目标值之比加以评测,定性指标采用等级化描述加以评测,江苏定性指标监测结果分为五档:"完全符合",实现程度为100%;"比较符合",实现程度为80%;"基本符合",实现程度为50%;"基本不符合",实现程度为30%;"完全不符合",实现程度为0。

上海对各个一级指标赋予了权重,规定一级指标下二级指标权重的赋值可根据各区县的情况确定,但要求权重赋值时要突出核心指标的权重,上海的此种赋权方法虽然灵活性强,但容易丧失应有的标准。而江苏则明确规定了一级、二级、三级指标的权重分值,但明确权重分值的前提应坚持科学赋权的原则,权重应按照对教育现代化的关联性程度进行分配,程序上应采用专家打分的形式予以确定。

三、教育监测的国际比较研究

从国际上看,较为公认的教育现代化监测指标体系有世界银行教育发展指标体系、OECD教育发展指标体系、联合国教科文组织教育发展指标体系等。全球范围内产生广泛影响的PISA、TALIS、PIAAC、全球学习型城市评价等项目,以及在大数据分析、教育统计方法创新、大规模教育测试调查方法与组织实施、教育发展监测评价结果与教育政策的紧密关联、教育发展监测评价结果运用于社会舆论引导等方面的新进展,均为我国研究 2030 教育现代化监测指标体系及方法提供了全球视野、比较参照和方法基础。

(一) 国际组织或全球智库教育指标体系

1. UNESCO 教育指标体系

UNESCO 教育指标体系是迄今为止国际上最为权威和通用的指标体系之一。2000 年之前,联合国教科文组织每两年发布一次《世界教育报告》(World Education Report),共计五期报告,用以提供世界各国教育的数据和资料。该报告的指标体系被称为"世界教育指标体系"(World Education Indicators, WEI),该指标体系按照 CIPP 模式建构。2000 年之后,联合国教科文组织统计研究所开始每年发布《全球教育要览》,每年都会突出一个特殊的教育政策主题,根据其所强调的政策,除了一些基础指标之外,采用的指标内容更加具体,对于政策实施效果的评估更加具有针对性。全民教育监测指标共 18 个,关注弱势儿童群体、女童、成人以及贫困地区学生、少数民族学生等群体的受教育状况。每年发布年度报告进行专题剖析,为各国提供教育改进的政策建议。2015 年以后,联合国教科文组织围绕"确保包容、公平的优质教育,促进全民享有终身学习机会",制定了教育 2030 监测指标框架,既有全球指标,又有专题指标。

2. 国际学生评估项目(PISA)指标体系

OECD 作为世界范围内具有重要影响的经济组织,在教育领域的指标监测对成员国产生重要影响。其监测指标体系主要围绕社会普遍关心的问题和现行政策中有争议的问题,为能够更好地制定政策服务。监测内容既关注教育与社会、经济的关系,也重视教育过程的比较分析,为教育管理机构、学校及教师改进教育教学提供丰富信息。OECD 组织的国际学生评估项目(Programme for International Student Assessment, PISA)除了能促进学生素养测量评价方法不断取得进展外,还具备基于证据的教育决策思想,这使其取得了国际上的广泛认同,表现为学生素养与学生家庭经济社会背景的关联分析、教育机会公平与教育质量的关联分析、基于大样本数据的教育政策改进分析等。[1] 其主要测试领域为阅读、数学和科学,以测试学生的阅读素养、数学素养和科学素养,在界定内涵的基础上,再确定每一个领域的测试框架,每个领域的测试框架均包含"定义与特征""内容维度""认知能力维度"和"情境维度"四个方面。[2]

3. 教师教学国际调查(TALIS)指标体系

由于 OECD 在 PISA 中发现,教师是所有影响学生发展的学校因素中最重要的因素,因此研发实施了"教师教学国际调查"(Teaching and Learning International Survey, TALIS)项目,调查了解教师工作条件、专业发展和所在学校教学环境,通过可靠、及时和可比的教师发展信息,为各国教师发展提供政策改进依据和建议。这项国际性的教师问卷调查,首先调查评估各

---

[1] OECD. PISA 2018 [EB/OL]. [2022 - 05 - 05]. http://www.oecd.org/pisa/.
[2] 国际学生评估项目中国上海项目组. 质量与公平:上海 2009 年国际学生评估项目(PISA)结果概要[Z]. 上海:上海教育出版社,2010.

国15岁学生的初中教师,包括教师的专业准备、专业发展、学校社会对教师的支持,以及教师的教育教学实践。TALIS试图发现各国教师对学生学业进步和成长的贡献,发现各国政府在教师培养、教师政策方面的优势与弱点,并为各国提供可资借鉴的案例和经验。TALIS调查分为可以相互验证和补充的教师问卷调查和校长问卷调查。每个参与的国家或地区必须随机抽取200所各种类型的初中,又从每所学校中抽取20名不同学科、年龄、资历和性别的教师和一位校长。①

4. OECD学前教育质量监测系统

OECD新近发布了《强势开端:学前教育质量监测系统》,对其成员国在学前教育机构质量监测、教师队伍质量监测和幼儿发展与表现监测等方面的举措和做法做了全面、系统的比较研究。当前,问责、干预、支持政府决策,为公众提供信息,改善教师表现,是各国开展质量监测的主要目的。外部监测可以区分为由政府主导的督导评估和家长调查两种形式,内部监督一般采用机构自我评价的方式开展。质量监测内容的确定,既考虑数据可得性,又考虑指标对学前教育质量的可预测性。在学前教育机构质量的督导评估中,政府会重点考察其是否符合法定要求(偏重结构性质量),但目前也开始逐渐关注过程性质量。各国依据特定的目的匹配,选择一定的监测工具和方法,如对儿童发展与表现的质量监测多采用观察和描述性评价等方法,而少采用标准化测验工具。另外,重视以恰当的方式向公众披露托幼机构服务质量监测结果。②

5. 联合国开发计划署的人类发展指数

联合国开发计划署(UNDP)的人类发展指数(Human Development Index)由于计算评价方法易于理解、操作,因而获得了高度认同。该指数由联合国计划开发署于1990年在首次出版的《人类发展报告》中提出。人类发展指数由三个基本要素构成:寿命、知识和生活水平。其中"知识"是一个教育要素,用成人识字率(2/3权重)及小学、中学和大学综合入学率(1/3权重)两个指标来衡量。从技术上讲,之所以选择这两个指标,是因为它们具有基础性、普适性和可测量性。基础性是指反映教育状况的这两个指标对于人类发展而言是根本的;普适性是指这两个指标对于世界上的所有国家都是适用的,从而可以作为一个普遍标准进行国际比较;可测量性则指这两个指标存在统计和数据基础,可以进行实际操作和具体分析。③

6. 兰德公司的高等教育质量评估体系

兰德公司于2002年发布了《保障高等教育的质量和效率:评估实践的分析》,该书采用系统层次分析(System-level Analysis),对美国当前保障高等教育质量和效率工作进行了卓有成效的审视和总结,④归纳分析了四种评价模式:教育提供者评估教育活动,然后由中介机构审核

---

① 张民选.PISA、TALIS与上海基础教育发展[J].外国中小学教育,2019,316(4):3—11.
② 刘颖,李晓敏.OECD国家学前教育质量监测系统分析及其对我国的启示[J].学前教育研究,2016(2):3—14.
③ 邬志辉.学校教育现代化指标研究[M].长春:东北师范大学出版社,2008.
④ Gates S M, Catherine H, Benjamin A R, et al. Ensuring Quality and Productivity in Higher Education: An Analysis of Assessment Practices [M]. San Francisco: JOSSEY-BASS. A Wiley Company, 2002:87-153.

提供者自评的方法及过程,评估教育是否满足受教育者的需求;由一个中介机构作为独立检查者来具体制定评估目标,设计评估程序和方法,并根据教育提供者提供的数据测量结果来评估机构的绩效;提供者在没有中介介入的情况下独立进行自我评估,其目的在于改进而不是问责;无论是提供者还是中介都开展评估活动,但关注的是学生的能力而非教育提供者。

7. 瑞士洛桑国际管理学院世界竞争力指标

瑞士洛桑国际管理学院(IMD)每年发布《世界竞争力报告》,以衡量世界各国和地区管理经济和人力、促进增长繁荣的能力。该报告自1989年开始发布,排名基于从纳入评选的63个经济体中采集的235个指标。不仅考虑失业率、国内生产总值、政府的医疗和教育支出等一系列"硬数据",同时也将"高管调查"所覆盖的社会凝聚力、全球化和腐败等"软数据"纳入考量。这些指标信息被归入经济表现、基础设施、政府效率和营商效率四个大类,最后给出每个国家的最终得分。而其评价结果在很大程度上来源于分布在全世界的相关行业企业专家的打分的统计。随着科技的发展,IMD还开发了世界数字竞争力(WDC)排名,用以分析和排名各国采用和探索数字技术的程度,从而引发政府实践、商业模式和整个社会的变革。WDC排名方法将数字竞争力定义为三个主要方面:知识(Knowledge)、技术(Technology)、未来准备(Future readiness),每个因素又分为3个子因素,突出分析区域的各个方面。[1]

8. 全球学习型城市监测指标

为通过经验总结与交流以更富成效地推进相关工作,UNESCO连续在中国北京市、墨西哥墨西哥城、爱尔兰科克市组织召开了三届学习型城市大会,来自百余个国家的部长和副部长、市长和副市长、教育主管以及国际性组织、地区性组织和社会性组织的教育专家和代表,参加并相互分享了学习型城市建设的知识与经验。2013年10月,首届大会在北京召开,会议一致通过《建设学习型城市北京宣言》和《学习型城市的关键特征》,前者充分肯定了终身学习对于城市未来发展的极端重要性,后者则提供了一份可对照的详细清单供各方在实践中予以参考。[2] 2015年9月,在墨西哥城召开了第二届大会总结全体代表的共识,形成了《关于建设可持续学习型城市的墨西哥城声明》,回应了联合国"2030年可持续发展议程"中关于"教育""城市及社区"可持续发展的目标,列举了推进可持续学习型城市建设的十大战略方向和八大行动呼吁,拓展了学习型城市建设理论研究以及实践推广的视野思路。[3] 2017年9月,在科克召开的第三届国际学习型城市大会继承和发扬前两届大会的精神与共识,发布了《建设学习型城市科克行动倡议》,明确了学习型城市建设的全球目标与地方行动,号召着力在地方层面改善利

---

[1] IMD. The IMD World Digital Competitiveness Ranking [EB/OL]. [2022-05-05]. https://worldcompetitiveness.imd.org/rankings/Digital.
[2] 庄俭. 全民学习:城市的包容、繁荣与可持续发展——联合国教科文组织"首届国际学习型城市大会"综述[J]. 当代继续教育,2013,31(6):4—6+12.
[3] 卫宏,桂敏,张翠珠等. 建设可持续发展的学习型城市——第二届学习型城市大会会议综述[J]. 中国成人教育,2016(2):4—11.

益相关方的合作关系,寻求切实有效的方式评估推进效果,成为全球推进学习型城市的重要指导性文件。① UNESCO 于 2012 年发布了"全球学习型城市评价指标体系初步框架"(A Preliminary Framework of the UNESCO Global Learning City Index),这是一份凝聚了全球关于学习型城市建设广泛经验共识的指标体系,引起了各方的广泛关注,许多国家根据自身的实际情况对此进行了领会、解读与运用,提出了应用于实践的具体指标体系。

UNESCO 将学习型城市评价指标体系初步框架中的 3 个一级指标和 12 个二级指标抽象成了"帕提农神庙",用以表达其相互间的逻辑关系。最底端是被描绘为"地基"的"基本条件"指标,主要概括了实践所依赖的政策规划、社会力量参与、资源整合、文化氛围营造等内容,代表了学习型城市建设的基础条件或前提条件。中间是被描绘为"承重墙"或"支柱"的"主要支柱"指标,重点总结了实践涉及的学校教育、社区学习、工作场所学习、线上学习等内容,代表了学习型城市建设的重要组成或关键策略,包含六大支柱:学校教育体系学习服务、社区内学习服务、工作场所学习服务、应用现代技术、提升学习品质、营造终身学习氛围。顶层是被描绘为"屋顶"的"目标定位"指标,重点指出了实践可能对个体、社会、经济、环境带来的影响与作用,代表了可用于评价学习型城市建设成效的目标定位,其中主要绘制了三个顶层:顶层一为个人增权、社会凝聚;顶层二为文化、经济繁荣;顶层三为可持续发展。深入分析这一框架体系可以发现,基于全球视野,逾越各国、各城市间的实际差异,指标设计强调普适性、全面性,内容过于抽象、复杂。因此,这一体系提供的是一份供参考借鉴的"思维导图",而非直接应用于实践的"操作指南"。

表 2-1 UNESCO"全球学习型城市评价指标体系初步框架"

一级指标	二级指标	三级指标
1. 目标定位	1.1 个人增权、社会凝聚	1.1.1 成人识字率 1.1.2 预计受教育年限 1.1.3 平均寿命 1.1.4 公民参与 1.1.5 贫富差距 1.1.6 (政治)性别平等 1.1.7 (经济)性别平等 1.1.8 校园安全 1.1.9 对公立学校的支持
	1.2 文化、经济繁荣	1.2.1 扶持民办学校 1.2.2 人均国内生产总值 1.2.3 研究和发展 1.2.4 创业经商便捷 1.2.5 艺术/文化/体育支出 1.2.6 文化活动参与 1.2.7 体育活动参与 1.2.8 犯罪水平 1.2.9 事业状况 1.2.10 外商投资 1.2.11 文体场所
	1.3 可持续发展	1.3.1 市民意识 1.3.2 绿色空间 1.3.3 空气污染 1.3.4 能源消耗 1.3.5 公共交通 1.3.6 垃圾管理 1.3.7 环境影响

---

① 刘雅婷,叶笑寒,黄健等.学习型城市建设:全部门与跨部门的协同治理——UIL 终身学习国际咨询论坛概述[J].教育发展研究,2019,39(01):77—84.

续表

一级指标	二级指标	三级指标
2. 主要支柱	2.1 学校教育	2.1.1 初等教育参与 2.1.2 中等教育参与(男/女) 2.1.3 非传统学生的高等教育 2.1.4 学习能力缺失(者) 2.1.5 学前教育 2.1.6 高等教育百分比 2.1.7 国际学生 2.1.8 特殊支持
	2.2 社区学习	2.2.1 基础设施 2.2.2 参与 2.2.3 边缘群体参与 2.2.4 公共投入 2.2.5 学习成效
	2.3 工作场所学习	2.3.1 学习型组织 2.3.2 雇员参与 2.3.3 雇主承付 2.3.4 失业人员培训 2.3.5 与教育机构的伙伴关系
	2.4 现代学习技术应用	2.4.1 家庭接通互联网 2.4.2 学校使用计算机 2.4.3 家庭接通互联网 2.4.4 职场的学习技术 2.4.5 社区接通互联网 2.4.6 开放与远程教育
	2.5 学习品质	2.5.1 教师的胜任程度 2.5.2 特殊学习支持 2.5.3 学习者间的友好相处环境 2.5.4 各种品质教育 2.5.5 学习成果评估 2.5.6 毕业生的就业能力 2.5.7 毕业生的工作业绩
	2.6 终身学习文化	2.6.1 倡导学习 2.6.2 信息和服务 2.6.3 开放灵活的学习环境 2.6.4 认可和奖励 2.6.5 家庭图书的利用 2.6.6 公共图书馆
3. 基本条件	3.1 政策规划	3.1.1 政策战略 3.1.2 组织领导 3.1.3 社会支持 3.1.4 公众宣传 3.1.5 其他资源
	3.2 利益相关者的参与	3.2.1 合作机制 3.2.2 参与 3.2.3 推进政策 3.2.4 关注市民需求 3.2.5 定期监督和评估
	3.3 资源调动与整合	3.3.1 资金投入 3.3.2 外部资金 3.3.3 利益相关方的贡献 3.3.4 弱势群体的补贴 3.3.5 社团和智力资源 3.3.6 国际合作

(二) 主要发达国家教育 2030 监测进展

1. 美国

为了监测教育 2030 目标,美国国家教育统计中心(National Center for Education Statistics, NCES)编制了教育统计预测项目(New Projected Data Through 2030),利用人口统计和经济预测趋势模型,结合教育发展历史趋势,预测了美国教育 2030 目标的趋势,预测数据包括中小学入学人数、教师人数、高等教育毕业人数等各类统计数据,并将其纳入《教育统计摘要》。例如,美国国家教育统计中心依赖 IHS Markit 人口预测,预测了未来中小学入学率,因为中小学入学率很大程度上取决于学龄人口的规模。预测结果显示,到 2024 年,公立学校的入学率将高于 2020 年的水平,但到 2030 年,美国公立学校入学人数预计将再减少 4%。此外,美国国家教育统计中心会根据每年预测数据结果对预测模型进行改进。除上述项目外,美国实施教育2030目标监测最大的特色,在于将教育可持续发展目标监测融入已有的各类监测项目中,与国际教育监测评价专业化趋势相适应。具体而言,美国监测项目涵盖学前教育、基础教育、中等教育、职业教育、高等教育、成人教育、远程教育、教师与校长调查发展、家庭教育等各类国内监测评价项目,还包括国际成人能力评估调查(Programme for the International Assessment of Adult Competencies, PIAAC)等国际调查项目。

促进教育公平、提高教育质量,是教育可持续发展的核心,也是各国教育监测与国际教育监测评估的重点内容。美国是世界上较早建立国家教育质量监测评价体系、实施全国性教育质量评价的国家之一,其中美国国家教育进展评估(National Assessment of Educational Progress, NAEP)项目的诞生,标志着美国开始采用大规模教育测量技术系统地对基础教育质量进行监测,在国际上也具有很大的影响力。NAEP项目的目的是了解全国基础教育质量发展现状和发展趋势,为美国公众、政策制定者和教师报告中小学教育的发展状况,提高教育质量和学生学业成就。NAEP项目通过实施分类评价,满足不同评价目标和利益相关者需求,提高了评价科学性和评估结果利用率,评价功能也从一般性教育质量评价向教育质量问责与教育改进演变。美国教育质量评价针对不同评价目标设计了不同评价项目,包括国家教育进步评价(Main NAEP)、长期趋势评价(Long-term Trend NAEP)和专项评价等。其中NAEP项目又分为全国层面(National NAEP)、州层面(State NAEP)和城市试验性学区评价(the Trial Urban District Assessment)三个层面,目的是提供不同层面的基础教育质量发展报告。NAEP项目的评价内容框架依据教学方式、教学内容变化而调整,以保证评价结果能够反映美国当下的基础教育质量。① NAEP项目是美国系统化、制度化的基础教育评价项目,其评价目标和评价内容不断扩展、细化,促进了美国基础教育改革和发展,体现了美国基础教育质量评价制度的发展与完善。

2. 欧洲国家

(1) 德国

教育的可持续发展是联合国"2030年可持续发展议程"的核心内容,旨在确保所有学习者获得通过可持续发展教育促进可持续发展所需的知识和技能。为加快落实教育可持续发展目标,德国联邦教育和研究部(The German Federal Ministry for Education and Research, BMBF)制定了2015—2019年教育可持续发展全球行动计划(Germany's Global Action Program on Education for Sustainable Development, GAP),并同时制定了一个多维实施框架,包括一个指导机构(国家平台)、6个专家论坛(幼儿教育、中等学校教育、职业教育和培训、高等教育、非正规和非正式学习、青年和地方当局)、一个青年论坛,以及10个合作伙伴网络,主要由教育可持

---

① NCES. What Are the Differences Between Long-Term Trend NAEP and Main NAEP? [EB/OL]. [2022-05-05]. http://nces.edu.gov/nationsreportcard/about/1tt_main_diff.aspx.

续发展不同主题和教育领域(如幼儿、高等教育以及多行业主体或媒体)的从业者组成,目的是在德国教育体系结构中更深入地实施可持续发展教育。

基于此,德国建立了一个国家监测机构,并启动了对教育可持续发展目标实施现状的大规模国家监测,以监测分析所有教育领域落实教育可持续发展目标的程度和质量进程。如前所述,德国制定了详细的教育监测指标体系,主要包括幼儿教育、中等学校教育、职业教育和培训、高等教育、非正规与非正式学习、青年与地方当局教育发展等,其中质量监测是落实幼儿教育、中等学校教育和高等教育监测的关键内容指标。在其他监测内容方面,教育可持续发展监测与环境教育密切相关。①

(2) 英国

英国是最早倡导可持续发展教育的国家之一。早在 2005 年,英国教育与技能部先后推出"未来教育战略(SFE)"、建立可持续学校(Sustainable Schools)和可持续学校自我评估系统等推进可持续发展的新策略。受联合国"2030 年可持续发展议程"的影响,英国的政策更是将可持续发展教育理念渗透到课程标准、基础教育实际运用、特色学校项目等多个方面。事实上,英国为扩大可持续发展教育,将可持续发展目标全方位融入教育发展过程,尤其是通过重构课程体系与多样化教学项目,推动可持续发展教育。英国的可持续发展教育非常重视培养学生解决生活中的可持续性问题,而不是纯粹增加课程内容。2019 年 3 月,为应对脱欧后英国的教育发展,确保 2030 年英国国际教育战略目标如期实现,英国政府及时调整教育 2030 目标推进策略,发布了《国际教育战略:全球潜力、全球增长》(International Education Strategy: Global Potential, Global Growth)报告,提出了到 2030 年英国国际教育的战略发展目标,勾勒出了脱欧后英国教育国际化转型发展路线图,旨在有效推动英国国际教育从复苏转向可持续增长,巩固和扩大英国国际教育在全球的市场份额。②

英国教育 2030 目标监测内容不仅覆盖幼儿教育、中等教育、高等教育、职业教育与终身教育等教育领域,还对教育与就业、教育与经济社会发展、教育与社会公平的关系进行监测评价,形成了系统的监测指标体系,明确了教育 2030 目标优先发展事项监测指标及负责机构。一是通过改善技能、提高生产力等方式推动经济增长;二是提高教育标准,培养所有儿童具备未来所需的知识、技能和资格;三是通过高质量教育服务支持处境不利和残障群体,不让任何人掉队;四是通过高质量早期教育和儿童保育,提高幼儿教育标准,帮助家长有效开展教育。此外,还包括通过重大活动和仪式等方式增强社区和国家的凝聚力;减少社会参与的不平等;减少重复犯罪;通过可持续发展和人道主义需求,塑造国际秩序;促进人权和民主;建立共同的国际标

---

① Brodowski M S, Brock A, Etzkorn N & Otte I. Monitoring of education for sustainable development in Germany-insights from early childhood education, school and higher education [J]. Environmental Education Research, 2019, 25(4):492 - 507.
② 罗志敏. 后脱欧偶遇全球疫情:英国国际教育可持续增长战略研究[J]. 比较教育研究,2021,43(12):90—97.

准等。英国建立了多个教育监测数据库,并采用多种方式对教育2030目标进行监测,除官方统计数据、常规监测数据外,还通过问卷调查数据、学生学习记录(Individual learner record)、纵向教育成果数据(Longitudinal education outcomes)等。

(3) 芬兰

"2030年可持续发展议程"是联合国成员国落实可持续发展的第一个行动计划和目标。芬兰作为联合国成员国,承诺加强其国际影响和全球责任,并致力于可持续发展。基于此,2020年4月,芬兰教育与文化部(Ministry of Education and Culture)成立可持续发展工作组,积极落实推动可持续发展目标,以确保教育与文化部的行政部门活动以可持续发展为基础,加强社会的可持续性,包括文化和人民的幸福。可持续发展工作组根据其任务规定,在公开协商的基础上,起草了一项可持续发展政策,明确指出实现2030年可持续发展议程目标需要加强教育、技能和能力,通过教育、研究、文化、青年和体育政策,为促进2030可持续发展所有目标的实现作出贡献。

在教育领域,芬兰教育2030目标监测内容纷繁复杂,主要包括文化参与的平等权利、高标准的幼儿教育和照料、更好的技能和更高水平的教育、持续学习、信息可及性和文化权利等。基础教育质量发展是芬兰教育监测的重要内容,包括义务教育的申请与录取、学习指导和学习参与、教学和指导、特殊需求支持和其他形式的支持、学生幸福感、改革成本效应、改革目标的实现和影响等。与此同时,教育与文化部行政部门采取了一系列措施促进文化变革,为全面可持续发展提供了外部保障。

芬兰教育发展质量监测评估主要由芬兰教育评估中心(The Finnish Education Evaluation Centre)负责实施,是教育与文化部设立的国家大规模教育评价的独立机构,负责制定分类教育质量评价评估规划及评价活动的统筹实施。事实上,芬兰教育评估中心不仅是芬兰教育发展评价的执行机构,还是评价研发部门。具体而言,芬兰教育评估中心根据国家教育发展规划开展与教育教学、各级各类教育机构活动相关的教育评价工作;根据国家核心课程标准框架开展全国基础教育阶段的大型学术成果评价活动;支持各级各类教育机构的内部教育质量评价工作;研发教育评价系统和方法。

3. 东亚国家

(1) 日本

在联合国"2030年可持续发展议程"背景下,日本早已将教育纳入本国可持续发展目标中,以实现所有人的活跃发展。在指标设计方面,日本主要采用抽取可持续发展目标中与日本教育发展需要密切相关的指标,并结合日本的社会文化体系进行再构建,最终形成了八大优先课题以及相应的140项具体指标。与此同时,日本在推进教育2030可持续发展目标实现过程中最大的特点是国内实施与国际合作协同进行。首先,日本明确了教育2030目标,即在个人层面,培养独立自主、能够自主判断、协作多样化人群并创造新价值的人才;在社会层面,则是实现每一个人活跃发展、生活丰富多彩并安心舒适的社会,实现社会、国家乃至世界的持续发展。基于教育2030目标,日本制定了可持续发展目标,出台了《日本可持续发展实施方针》,列出了详细的具体措施以及相应的监测指标。①

在教育领域,国内监测内容与指标涵盖幼儿教育、初等和中等教育、高等教育、职业生涯教育与职业教育、特殊需求教育与外国留学生教育发展等六个领域。具体而言,幼儿教育指标包括幼儿园入园率、享受免费保育的儿童数量比例;初中与中等教育指标包括中等教育毕业率、减少国际学力测试中成绩靠后学生的数量、提升学习积极性、完善学习习惯等;高等教育指标包括大学入学率、大学计时型受教育制度与普及社会人士的研修制度、各类高等教育学校接收社会人士的情况、助学贷款申请以及获得情况等;职业生涯教育与职业教育监测指标包括各类职业生涯教育与职业教育机构职称体验活动、实习实践活动改善情况、各类相关机构社会人士接收情况及现状改善情况;特殊需求教育监测指标包括各类残障儿童个别指导计划及个别教育援助计划情况、高等教育机构中在籍残障学生人数等;外国留学生教育发展监测指标主要为"留学生30万人计划"的实施进展。② 国际协同推进教育2030目标是日本教育可持续发展的重要特色,其监测内容与指标主要为落实《为了和平与发展的学习战略》与日本教育的海外拓展事业两个方面,其中落实《为了和平与发展的学习战略》监测指标包括分性别记录了学生在小学二至三年级、小学毕业、初中毕业三个阶段的阅读与算数方面的掌握程度;日本教育的海外拓展事业监测指标是日本海外教育拓展模范事例的数量。③

(2) 韩国

韩国历来十分重视环境教育和可持续发展,长期致力于通过环境教育实现可持续发展。在联合国"2030年可持续发展议程"的基础上,韩国制定了本土化的新的可持续发展目标,积极进行了迎合时代发展要求的教育改革,对可持续发展教育进行改进和完善。在教育领域,韩国通过课程改革从最原始的环境教育过渡到更广泛意义上的可持续发展教育,与世界致力于推动可持续发展和社会进步目标相呼应。为推动教育2030目标,韩国制定了国家、地区、学校、教师和学生可持续发展教育质量监测和评估标准,采取科学方式对教育可持续发展目标实施质量监测和评价工作,以质量监测与评价为抓手促进地区、学校与教师自我诊断、自我评析、自我反思与自我修正,逐步构建可持续发展教育理念指导下的区域、学校育人模式,高效率推进教学与学习方式创新。

(三) COVID‑19背景下OECD国家实现2030教育目标受阻

OECD的报告《通往2030年的曲折之路——实现可持续发展目标的距离》(The Short and

---

① 李冬梅.2030年,日本教育将走向何方?[J].上海教育,2019(26):47—49.
② 李冬梅.2030年,日本教育将走向何方?[J].上海教育,2019(26):47—49.
③ 李冬梅.2030年,日本教育将走向何方?[J].上海教育,2019(26):47—49.

Winding Road to 2030——Measuring Distance to the SDG Targets)中,①对照"2030 年可持续发展议程"中 17 项可持续发展目标和 169 项具体目标,采用联合国和 OECD 的数据,对 OECD 成员国在国家层面实现 2030 年议程目标和目标的绩效进行了高级别评估。

一是总体目标实现不容乐观。在教育目标方面,"2030 年可持续发展议程"呼吁各国确保包容和公平的优质教育,为所有人提供终身学习机会。但此次评估报告指出,OECD 成员国并不能确保到 2030 年实现教育目标,因为目前有太多儿童、青年和成年人缺乏成为参与公民和过上更好生活所需的基本技能。一方面,教育方面的不平等现象在生命早期就开始了,并由于包括社会经济背景、性别和地理位置在内的若干不同因素而趋于累积。另一方面,COVID‑19 迅速蔓延带来的卫生危机对教育系统产生了重大影响。物理空间的封锁,中断了各级教育,大多数 OECD 成员国的学校、大学和培训设施在全国范围内关闭。在此期间,OECD 成员国的教育系统为保持学习连续性做出了重要努力,特别是通过使用数字技术的远程学习,但儿童和学生不得不更多地依靠自己的资源继续远程学习。然而,弱势的学生需要更多的个性化的支持;不富裕的家庭不一定有足够的设备条件,导致较低的网络连接和获取数字材料的机会;职业教育和培训等一些方案尚不太适合远程开展,不仅基于工作的学习很难在虚拟环境中复制,而且由于限制措施和经济放缓,许多雇主也削减了提供学徒制的数量;教师使用新技术和方法也面临挑战,有待更充分的培训。

二是单向目标实现困难重重。在具体目标实现的预测上,报告认为,按照目前的趋势,OECD 成员国到 2030 年将无法确保所有学生在校期间都能达到基本的学习标准,包括教育的数量(通过完成率)、质量(通过对学生阅读和数学能力的衡量)等。在确保所有儿童都能享受优质幼儿教育和照顾的目标实现上,虽然大多数 OECD 成员国预计将取得(或保持)非常高的入学率,但有 9 个国家在儿童早期教育和护理(ECEC)的入学率方面没有任何进展(其中一些国家,如斯洛伐克共和国、美国、日本、匈牙利和捷克共和国,甚至出现下降)。有关高质量技术和职业教育及培训(TVET)和高等教育的目标,平均而言,OECD 成员国中约有一半的青年和成年人在过去 12 个月内接受了正规或非正规教育和培训,但国家之间存在很大的差距。接受高等教育的学生人数在过去 20 年持续增长,预计将持续增长至 2030 年,但进展不均衡,虽然 11 个 OECD 成员国的参与率正在取得进展或创下新高,但 13 个国家的参与率稳定在较低水平或正在下降。在信息和通信技术(ICT)技能的衡量上,总体而言,OECD 成员国中大约有五分之三被认为离实现 ICT 技能水平的目标不远,但预计没有一个国家能在 2030 年完全实现这些目标。在消除教育方面的性别差距,确保弱势者平等获得各级教育和职业培训目标方面,2018 年,没有一个 OECD 成员国能够防止社会经济不平等影响教育结果,除了性别不平等外,

---

① OECD. The Short and Winding Road to 2030: Measuring Distance to the SDG Targets [R]. OECD Publishing, Paris, https://doi.org/10.1787/af4b630d-en.

其余不平等现象在过去十年没有减少。在确保大多数成年人达到读写和计算能力（97%的成年人在读写或计算能力方面达到最低水平以上）方面，在大多数OECD成员国中，低技能的成年人占据了人口的很大比例。

报告认为，尽管包容和公平的优质教育是实现可持续发展的关键，但没有一个OECD成员国有望在2030年前实现有关优质教育的所有具体目标。除了识字和计算技能外，发展信息和通信技术技能在日常生活的各个方面都是不可或缺的，从劳动力市场到获取服务，自大流行爆发以来更是如此。在大多数OECD成员国，大多数年轻人和成年人缺乏信息和通信（ICT）技能。这场公共卫生危机凸显了数字化的一些关键障碍，包括开展在线培训所需的足够的数字技能、计算机设备和互联网接入，以及在线执行传统工作的困难。

四、重要启示及其借鉴

已有的国内外监测指标体系设计、监测评估方法、工具研发使用以及相关的理论研究成果和实践经验涉及国家、区域以及地方教育发展目标的监测评估，涉及对照发展目标的达成情况监测、诊断、分析及其结果的充分利用，为面向新时代研究设计具有中国特色和时代发展特点的教育2030发展目标监测评估指标体系和监测评估方法具有重要的借鉴意义和支撑作用。

（一）关于构建监测体系

1. 明确的目标导向

各项国际监测指标具有非常明确的目标导向，从而为监测的执行提供指引和方向，在结果呈现上不仅能体现具体的教育表现，还可在各参与国（地区）之间进行横向差异比较。在监测执行之前，经过多次专家讨论、试测，围绕相对科学的逻辑，针对具体的测量目标制定测量工具，从而能够在整个监测过程中围绕一以贯之的原则和标准。在数据收集和整理、结果的呈现等方面，也大多围绕相同的目标和主题，更能够突出重点，反映一个或多个国家和地区在某一具体的教育领域或教育主题上的表现。因此，在我国2030教育目标监测评估体系的建构过程中，也需要有明确和科学的目标导向，以建立动态、可持续的监测体系和框架，从而更好地指导教育实践。

2. 紧随时代发展的主题内容

尽管各项国际教育监测指标体系所衡量的教育类型或内容有所差异，但就其主题来看，均在围绕监测教育类型或内容的同时，紧随时代发展明确某一教育前沿主题。因此，这些权威教育监测指标，不仅能够横向和纵向比较一个或多个国家和地区的教育发展情况，还能够紧随时代脚步，以评促建，促进教育的发展。尤其是2030教育目标监测评估指标体系本身就是以引领性指标为主，更应该考虑时代发展的主题，结合国际教育发展的趋势，合理规划监测的主题。

在核心目标的引领下,高屋建瓴,把握最为前沿的教育发展潮流,脚踏实地,从本国实际需求出发,制定合理有效的教育监测指标。

3. 规范有序的教育监测实施过程

一般而言,跨国性大数据调查的难度很大,挑战性更强,投入也很高。因此,为保障教育质量监测效果,需不断完善和规范监测过程,这是收集真实有效数据的重要环节。国际组织在监测过程中非常重视协调员和监察员的作用,为保障监测数据的真实性和客观性,在确保监测目的明确、监测工具科学的基础上,不断规范教育质量监测的实施过程。因此,我国推进2030教育目标监测评估,从建构之初保证指标体系的规范性和科学性,构建完善丰富的监测指导系统,从而保障监测过程的规范有序。

4. 建立常态化的信息发布机制

定期公开发布监测结果是完善质量评估的重要环节,不仅能够保障公众对教育质量情况的知情权,还能够强化公众对各级政府及各级各类教育机构的监督。在评估结果的促进下,能够刺激和促进教育系统内部进行调整,在指标的指导下形成良性竞争。此外,公开数据也能够为教育研究提供依据,在监测数据的基础上,提高监测评估本身的应用价值,即在促进教育研究发展的同时也为教育决策提供新的依据。

(二)关于指标分类筛选

综合分析国际上特别是发达国家的教育2030目标监测指标可以发现,一些共性的、通用的、敏感的和可比的指标可以被直接纳入到我国推进教育2030目标监测指标体系中。

1. 客观性指标体系

一方面,一些国际组织和学者主要从教育与社会的关系来描述教育现代化的水平,因为社会要素的发展制约或促进着教育现代化的发展;另一方面,社会整体及其要素的发展也依赖于教育的力量。站在这个宏观角度上,可将教育现代化指标体系分为:单一指标类型和菜单式指标类型。其中,单一指标类型如联合国开发计划署提出的人文发展指数(HDI),是由三个指标(平均寿命、成人识字率和平均受教育年限、人均国民生产总值)组成的综合指标。平均寿命反映居民的健康状况,成人识字率和平均受教育年限衡量居民的教育水平,人均国民生产总值则测算居民掌握财富的程度。这种类型的指标,优点是综合性强,容易进行国家之间、地区之间的比较,但缺点是涵盖和反映的内容太少,并不能代表教育现代化的水平,用它来衡量社会发展的总体状况还比较合适。

菜单式指标类型主要有经济合作与发展组织《教育要览》中的所选指标[①]、联合国教科文组织《世界教育报告》中所选指标、北京教科院的徐娅构建的首都教育指标体系[②]、中央教育科学

---

① 林志华,孟鸿伟. 当今世界教育研究的热点问题——来自经合组织的最新报导[J]. 世界教育信息,2002(6):2—6+9.
② 徐娅. 首都教育指标体系研究[J]. 教育科学研究,2001(11):14—19.

研究所提出的我国发达地区"十五"时期和 2010 年基础教育现代化发展水平指标等。上述所提到的指标体系具有内涵丰富、覆盖面大、说明问题具体细致的优点，还具有很强的描述功能，灵活性、通用性强，许多指标能做到国际一致性和可比性等。由于上述优点，我国学者比较重视客观性的教育现代化指标的研究，但是此类指标体系无法描述教育的发展变化历程，而且结构较大，指标较多，在实际推广和具体操作过程中有一定难度。

2. 主观性指标体系

这种指标体系主要是站在微观的角度，从教育自身系统的发展来反映其现代化水平。代表性案例是广东省中山市教育学会课题组，他们编制的指标体系有六项，包括教育思想现代化，教育目标现代化，课程和教育内容的现代化，教育方法、教育手段和教育设施现代化，教师素质现代化，学校管理现代化。此类指标局限性在于：一是它不具有可操作性，二是主观评价与客观条件具有不一致性，三是地区特征（或者差异）会影响主观评价。①

3. 主客观指标结合

从教育内部自身及其与外部关系的角度看，教育现代化指标体系不可能是单方面、单因素的，而是多方面、多因素的。教育现代化很难用一种指标去衡量，既不能用单一的量化指标去说明，也不能用纯粹模糊的定性指标去概括，必定是两者的有机结合。② 教育现代化是有阶段之分的，不同阶段的教育现代化应该有不同的衡量标准。比如，把教育现代化的发展阶段分为初级、中级和高级，根据目前中等发达国家和发达国家的教育发展水平，提出了衡量教育现代化实现程度的七项定量指标：15 岁以上人口的识字率、平均预期受教育年限、中等教育的毛入学率、高等教育的毛入学率、每 10 万人口在校大学生人数、公共教育经费占 GDP 的比例、人均公共教育经费。这种指标体系能全面、综合地评价出某个地区的教育现代化状况，但由于结构过于庞大，指标过于繁杂，在实际推广和具体操作中会遇到一定的难度，而且这些指标体系只是列出一个粗线条的框架，里面许多丰富的内容和重要的问题还未得到深入研究和精确描述。

通过上述分析可以发现，在教育统计方面以 UNESCO 和 OECD 的教育统计指标最为丰富。目前国际上对于各国教育数据的收集填报有一定的制度，由联合国教科文组织统计研究所（UIS）、OECD 及欧盟统计办公室（EUROSTAT）联合设计的 UOE（UNESCO-OECD-EUROSTAT）教育统计数据表系统成为国际教育数据收集的最主要平台。很多国家会定期填报本国的教育统计数据。除该填报平台外，一些定期和不定期举行的国际调查项目，例如 PISA、IALS、TIMMS 等也成为国际教育数据的重要来源。本书根据反映教育发展水平的各评价维度，对现行主要教育指标进行归类分析，详见表 2-2。

---

① 徐玲. 教育现代化指标体系研究述评[J]. 教育现代化，2002(5)：4—6.
② 谈松华，袁本涛. 教育现代化衡量指标问题的探讨[J]. 清华大学教育研究，2001(1)：14—21.

表2-2 不同教育评价维度中的国际教育指标列表

维度	指标名称	指标分解	来源
教育普及水平	在学规模	分教育层级(分年级),分性别,分学习类型(普通教育、职业教育),分教育机构性质(公立、私立),高等教育与职业教育分专业	UNESCO
	毛入学率	分教育层级(UNESCO),分性别(UNESCO),分区域,分年龄组(OECD)	UNESCO OECD
	净入学率	分小学、初中(UNESCO),分性别(UNESCO),分年龄(OECD)	UNESCO OECD
	超龄/低龄入学率	分性别	UNESCO
	调整后的小学净入学率	分性别	UNESCO
	初等教育毛招生率(GIR)	分性别	UNESCO
	净招生率(NIR)	分性别	UNESCO
	小学一年级学生中接受过学前教育的学生的比例	分性别	UNESCO
	小学学龄段未入小学的比率	分性别	UNESCO
	预期受教育年限	UNESCO(15岁以上人口、25岁以上人口)	UNESCO
	高等教育分专业毕业生分布		UNESCO
	成人参与教育与学习情况	分年龄组	OECD
教育公平	按性别划分的全民教育指数(GEI)		UNESCO
	性别均等指数(GPI)		UNESCO
教育结构	分类型(A类/B类)在校生比例	中等教育、高等教育	UNESCO、OECD
	分办学主体(公立/私立)在校生所占比例	各级各类教育	UNESCO、OECD
教育效率	升学率	分性别	UNESCO
	小学复读率	分性别	UNESCO
教育质量	小学5年级的续读率/小学最高年级续读率	分性别	UNESCO
	PISA项目测验成绩		OECD
条件保障	生师比	分教育层级	UNESCO、OECD
	接受过培训的教师比例	分各级各类教育	UNESCO
	教师流失率	分教育层级	UNESCO
	接受过培训新入职教师比例	分教育层级、分性别	UNESCO
	新入职教师流失率	分教育层级、分性别	UNESCO
	教师工资	学前教育、小学、初中、高中阶段教育	OECD
	教师教学时间	小学、初中、高中阶段教育	OECD

续表

维度	指标名称	指标分解	来源
条件保障	平均班额	分小学、初中	OECD
	发生在教育机构与管理中的所有来源教育经费占GDP的比重/教育经费支出占GDP的比例		UNESCO、OECD
	发生在教育机构与管理中的公共来源教育经费占GDP的比重（不含公共经费）的转移支付		UNESCO
	公共教育经费占GDP的比重		OECD
	公共教育经费占政府总支出的比例/公共教育经费占公共总支出的比例		UNESC、OECD
	教育机构中的公共来源教育经费（转移支付后）占总经费的比例		OECD
	公共教育经费在各级教育的分布		UNESCO、OECD
	生均公共经费占人均GDP的百分比	分教育层级	UNESCO
	用于所有服务的生均教育支出占人均GDP的百分比	分教育层级	OECD
教育成果及产出	毕业率	分小学、初中、高等教育A类	UNESCO
	完成率	分高中阶段教育、高等教育	OECD
	人口的学历水平分布	分年龄组人口	OECD
	平均受教育年限		UNESCO
	各级学历劳动者就业率		OECD
	教育的社会效益		OECD
	教育对经济增长的贡献		OECD
	教育的个人收益		OECD
国际化	高等教育毛出国率（出国学生相当于高等教育学龄人口的比例）		UNESCO
	高等教育在校生中外国留学生的比例		UNESCO、OECD
	高等教育出国留学学生的比例（相当于高等教育在校生）		UNESCO
	各国外国留学生规模	分国别	UNESCO
	高等教育外国留学生数		UNESCO
	高等教育出国留学生数		UNESCO

续表

维度	指标名称	指标分解	来源
国际化	国际学生占高等教育学生总数的百分比(研究生课程)		OECD
	本国高等教育学生在国外注册的比例		OECD

(三) 关于指标的数量

确定合适的监测指标数量,往往是理论研究和实践操作中备受关注的一个问题。一般而言,对于教育复杂系统,特别是对于教育培养人的功能,无论是定量指标还是定性指标,指标体系中包含的指标数量越多,就越能够监测和反映事物的原本样态。难以想象,仅用若干个指标,就能够对包含各级各类教育、教育各领域各环节进行系统的监测和评价。但是,从经济和效率的视角出发,过多的指标设计,必然要求大量的数据信息来支撑,需要投入大量的资源和人力,甚至呈现边际效益逐步递减的现象。另外,依据不同的监测评估要求,针对不同的监测对象,监测指标体系中包含的指标数量往往有很大的不同。例如,世界银行按人均国民收入(GNI)这一个指标,就可以把所有的国家划分高收入、中等偏上收入、中等偏下收入和低收入国家;联合国开发计划署(UNDP)从1990年就开始发布的人类发展指数(HDI),用以衡量各国和地区社会经济发展程度的指标只有三个,即人口出生时的预期寿命、受教育年限(包括平均受教育年限、预期受教育年限)和人均国民总收入。但是,在涉及监测评估的对象相对比较复杂、影响因素比较多的情况下,监测评估指标体系往往比较复杂,指标数量众多,例如:世界经济论坛(WEF)和洛桑国际管理发展学院(IMD)的全球竞争力评价指标体系,就分别采用了大量的监测评估指标,其中洛桑国际管理发展学院采用了260多项指标。另外,世界知识产权组织(WIPO)每年发布全球创新指数报告,其采用的指标数量也有80多个。借鉴不同监测对象的指标体系数量构成,针对教育监测评估及其指标数量的设计,需要坚持和体现四个方面的原则。

一是体现够用。一般而言,教育监测指标不能完全等同于评估指标。其中,监测指标的作用主要是进行诊断、描述,客观反映事物的本质。而评估指标的主要作用则是发挥衡量、比较和判断功能,对事物的本质做出合理科学的评价,体现比较强烈的价值判断功能。为了全面、系统地反映各级各类教育的发展和变化,突出各级教育和不同环节、不同领域的特点和优劣,需要从实际出发设计一批能够涵盖基础教育、职业教育、高等教育、终身教育以及相关环节和领域的监测评估指标。

二是关注重点。面向不同的教育发展阶段,针对不同的监测评估对象,以及考虑政府、学校、社会各界关注的重点不同,需要基于系统研究,选择各级教育、各地教育发展关注的重点以及与人民群众切身利益相关的教育内容,设计和选用不同的指标。例如,针对党和政府以及人民群众比较关注的教育公平问题,就需要关注和设计一批反映教育的城乡、区域、学校和人群差距相关的指标;针对培养高质量的各类创新人才,就需要选择和设计一批与各级教育特别是与高等教育、职业教育人才培养相关的规模、结构、质量、效益等方面指标;针对社会各界高度关注的"双减"话题,就需要对照党和国家出台的相关文件精神,设计若干与政策实施成效、学校应对举措、人民群众满意度等相关的指标。

三是反映特色和优势。我国的教育现代化是学龄人口、教育人口规模巨大的教育体系,也是地域广阔、各区域之间存在发展不平衡的教育现代化。开展相关的监测评估工作,一方面要有利于诊断问题、发现短板,为政府及其教育行政部门确定工作重点提供有力的支撑和参考;另一方面,则要有利于总结发展成就、凝练改革发展经验,为后续发展和其他地区的教育发展带来借鉴和参考。为此,需要从正、反两个方面,设计一批反映各地教育现代化发展特点和优势的监测评估指标。

四是体现前瞻。现代化的特点是发展变化,顺应新的发展形势和需要,通过前瞻性指标的引领和导向,推动各级教育高质量发展,更好地满足人民群众多样化的教育新需求,这是选择和确定指标数量的另一个重要原则。为使教育现代化监测评估发挥应有的示范带动和标杆引领作用,需要选择和设计一批体现发展性、导向型的指标。例如,根据近年来的发展变化趋势,对照党和国家规划要求和人民群众新需要、新诉求,设计一批反映新变化、新要求、新方向的指标,并给未来发展适度留下一定的提升时间和空间,为各地从实际出发探索创新标示努力方向。

总之,合理确定监测指标的数量既是理论方法层面的问题,也是实践操作层面的问题。与其他领域相比,教育体系的内容比较庞大,且受到内外部诸多方面因素的影响和制约。在不同的发展阶段,针对不同的监测评估区域和对象,指标的数量不尽相同,需要按照科学方法和逻辑情况进行具体设计。

(四)关于监测方法技术

改进监测工具、建立监测数据库,是当今教育监测的重要特征之一。具体而言,一是借助信息技术,革新监测工具。监测是一种"数据密集型评估",具有依赖数据驱动、强调状态描述、关注价值多元需求等特征,能够增加评估的精确性、即时性、开放性和强化评估的预警与预测功能。[①] 信息化成为改进监测评估方法的重要手段,也是现代教育监测评估的重要载体。借助现代信息科学手段(如计算机、大数据存储系统),创新"互联网+评估"新型教育监测评估技术服务方式,从多学科角度开发大型教育评估管理信息系统和评估工具,突破监测评估的地域与空间限制,使教育监测发展日益系统化、动态化,监测评估指标制定科学化、精确化,监测实践推进常态化、有序化,监测评估结果及报告撰写信息化、可视化,在评估方法上实现"定量与定性、质量与数量"相结合,[②] 提高评估结果的科学性,保障监测制度的有效落实,加快教育监测评

---

① 王战军,王永林.监测评估:高等教育评估发展的新图景[J].复旦教育论坛,2014,12(2):5—9.
② 何芳,杜瑞军,姚冬萍,等.构建中国特色的高等教育质量保障体系:中国高等教育学会教育评估分会 2017 年学术年会综述[J].高教发展与评估,2018(4):29—30.

估科学化进程。譬如,PISA根据测评内容,驱动了教育监测评价变革,率先开启大规模计算机评估等;教育可持续发展监测利用大数据、信息技术,对教育投入、过程、结果和质量进行更精确的监测评估。

二是建立可视化信息系统、数据密集型监测平台,开展深度数据聚合分析,直观呈现监测结果报告,对监测结果的有效应用具有重要作用。建立基于大数据的教育监测平台和信息管理平台,利用信息技术对教育资源配置与使用情况、教育教学质量与学生综合发展实施动态监测,持续收集、深入分析义务教育均衡发展有关数据,将教育投入、教育过程与教育结果有机结合,直观地呈现义务教育均衡发展状态,为多元主体价值判断和科学决策提供客观依据。广泛运用信息技术,推动数据驱动的教育监测发展,不断完善基于客观数据的主观评价法,通过数据库获得定量评价信息,降低工作成本,提高工作效率。此外,教育监测强调以数据为基础(Data-based),运用数据和证据界定教育发展问题,实质上是对教育评价与改进的理性化、程序化要求。① 因此,探索建立基于信息化发展的教育发展动态监测与评估机制,建立常态化、实时化、数据化的教育监测评估系统,能够促进教育管理向教育治理转变。

三是建立大规模教育监测数据库,借助网络信息技术采集教育监测数据,并与第三方监测机构展开联合监测,提高教育监测的规范性和数据采集的客观性,实现教育发展动态监测。OECD收录的教育数据具有较高的国际可比性、全面性和准确性,既有各成员国国际标准化教育的统计数据,也有通过调查获得的教育监测数据,这些多层次、多方位的原始数据为专业化教育监测奠定了基础。由于各国教育制度、教育统计的指标和标准存在差异,OECD制定了不同数据来源分析标准,保障了教育统计数据的系统性、实践性和可比性,克服了采集数据的困难,对世界各国教育统计具有一定参考价值。世界银行建立了教育信息管理系统(education management information systems,EMIS),该系统是围绕教育改革建立的一个高质量教育知识数据库,包括学生监测系统、教育管理信息系统、教育信息技术、学校自主监测系统等,强大的教育信息管理系统提供了权威的、可靠的及可衡量的指标数据,为各国教育监测实践提供了宝贵经验。世界银行还倡导世界各国积极开展教育监测,并致力于帮助各国改进监测技术,细化评价指标和标准,加强教育系统能力建设。

(五) 关于推进监测机制

机制在监测系统中起着基础性和根本性的作用,一个良好的机制会使系统接近于一个自适应系统,即它能够自动运行并快速响应变化,从而采取措施调整系统或优化目标。教育监测机制是实现教育2030目标一系列机制的总称,建立教育2030目标监测机制,保障监测项目顺利运行,是发挥监测功能的前提。依据教育2030监测指标,构建动态的、系统的监测机制是提升教育

---

① Goldring E, Berends M. Leading with data: pathways to improve your school [M]. Ramsbury: Corwin press, 2009.

监测效率和效益的基础。从国内外教育监测发展实践来看,教育 2030 目标监测是一项关于长期教育规划的监测项目,因而需要建立监测预警机制。此外,教育监测反馈机制与报告机制是教育监测最重要的环节,也是监测发挥主要功能的环节,任何监测活动都需要建立反馈机制与报告机制,才能为教育改进发展提供服务。教育监测反馈改进过程是一个循环往复的动态过程,及时反馈监测评估结果,将监测结果不断扩散和多次应用,从而在监测系统中形成闭环反馈链,反馈改进的循环运行是发挥监测多重功能的过程。① 反馈监测结果有多种方式,其中最重要的方式是撰写监测报告。监测报告是在对监测对象进行全面调查、综合分析和科学判断的基础上所形成的书面报告,是教育改进的依据,也是实现社会监督的重要方式。专业的监测报告和制度化的报告机制,是教育监测持续运行的基础,也是发挥监测功能的保障,有利于提高监测水平。

建立监测预警机制。预警机制是预防并降低危机带来损失的行为机制,在社会发展的各个领域已得到有效应用。在教育领域,预警机制能够及时有效地应对随时可能出现的教育发展问题,并在实践中取得良好的治理效果,已成为世界各国在教育发展与教育治理中普遍使用的手段。建立教育 2030 目标监测预警机制,不仅能够及时了解教育 2030 目标发展进程,还能够有效预防和化解教育可持续发展过程中的各种矛盾与问题,提升各国政府的教育治理能力和效率,从而确保教育的公平、健康、可持续发展。教育监测预警机制是利用监测信息系统对确定的警情指标进行持续动态的监测并向相关部门发出预警信号、接收反馈、采取应对策略等整套运作体系,以对教育发展过程中各类潜在问题进行超前管理。教育监测预警机制可以发挥强大的监测功能。预警管理系统通过确定的预警指标,持续有效地监测教育发展过程,收集监测数据、情报及资料,在对影响教育发展的各类约束性条件、演变趋势及规律进行科学预测及逻辑推演的基础上发出明确的警告信息,使决策部门能够提前洞悉问题或危机征兆,对教育发展趋势、可能引发的教育问题及严重程度进行合理的评估判定,及时采取应对策略,消除或防止这些潜在问题和危机给教育发展带来不良后果,是监测预警系统顺利运转与监测评估功能发挥的核心和基础。

具体而言,预警指标体系与监测评估指标和标准息息相关,确定预警指标后需要明确预警的标准与警戒线,并对危机进行等级划分,通常包括两级或者三级警示。监测数据系统是一个实时回收数据并进行分析与预测自运行系统,包括对预警指标数据的统计、分析与预测三个基本步骤。一旦超过设置的警戒线,系统则根据危机等级发出相应的警报,反馈给相应的监管主体或决策主体。预警分析系统是对警报信号与报告的危机进行分析的系统,包括预警结果分析、风险评估、危机问题与原因分析等三个基本模块。决策系统包括对策措施讨论、干预方案制定及其实施过程。监管主体在预警分析系统与对策系统中发挥着重要的作用,对所报告问题风险评估的准确性、问题的归属与原因分析是发挥决策系统功能的前提,因而可邀请相关专

---

① 金锡万,白琳.项目后评价的反馈机制[J].安徽工业大学学报(社会科学版),2002,19(3):56—57.

家协助。存储系统既包括对海量预警指标数据的存储,也包括对监测结果报告、对策措施等文件资料的存储,为改进监测预警管理系统与总结义务教育均衡发展规律提供参考。

完善评估反馈机制。监测评估作用能否真正发挥,关键在于评估对象是否根据监测结果采取行动,这也是教育监测评估的难点。英国教育督导评估坚持以改进教育发展为督导目的,非常重视督导评估反馈机制。英国教育督导反馈方式根据反馈对象不同采用不同的方式,主要包括口头总结与书面报告,其中书面报告撰写时间通常需要在督导结束后25天内完成,以确保能及时反馈给学校。同时学校有权对督导评估结果提出申辩,教育标准局也有权根据学校申辩而要求督导小组重新撰写督导报告,保障督导评估报告能够如实反映教育发展情况。实践证明,及时反馈督导结果对学校改进和提升教育质量具有相当大的权威性。此外,为发挥家长、社区和社会力量的外部监督作用,加强督导结果的公开性和透明度,督导评估结果和学校整改计划需同时向家长和社会公开,加强社会对教育发展的关注、支持和监督。

形成制度化监测评估报告机制。《全球教育监测报告》(原名为《全民教育全球监测报告》)是全民教育独立的监测与报告机制,是发挥教育监测、实施教育问责的重要证据,在推动全民教育发展中发挥了主导作用,为各国教育科学决策提供了可靠数据,也是全民教育在世界各国强有力的宣传工具。自2002年以来,《全球教育监测报告》共出版了12期,取得了监测和政策分析方面的大量经验,因卓越而享誉全球,所涉主题从不平等、性别和教学与学习,到冲突、扫盲和幼儿保育与教育,十分宽泛,是各国全民教育发展的重要参考资料。① 2015年《全球教育监测报告》明确指出,全民教育目标的实现需要更有力地开展教育监测,并制定有针对性、相关性并且可测量的监测指标,重视监测数据收集、分析和传播,提供一种基于证据的倡议工具,以督促所有利益攸关方对教育负责。② 此外,《全球教育监测报告》作为教育领域可持续发展目标的重要监测报告机制,通过监测教育领域可持续发展各项具体目标进展情况,加强国际社会和各国政府履行教育职责,是全球教育治理不可或缺的问责工具,对各国教育治理发挥着间接但同样重要的作用。③ 例如,2016年《全球教育监测报告》提出了一套监测指标体系,并鼓励各个国家和地区探索建立监测教育可持续发展目标的替代方法,共同开发支持性监测框架体系结构。④ 总而言之,定期出版《全球教育监测报告》在推进全民教育发展及教育领域可持续发展目标中发挥了重要作用,引起了世界各国对教育监测的重视,通过监测报告机制落实教育问责,甚至可以影响政策的制定发展。

---

① UNESCO. The Global Education Monitoring Report. [EB/OL]. [2022-08-14]. https://www.unesco.org/gem-report/en/about-us.
② UNESCO. Education for All 2000-2015: Achievements and Challenges [M]. Paris: UNESCO, 2015.
③ UNESCO. Accountability in education: Meeting our commitments [M]. Paris: UNESCO, 2017.
④ UNESCO. Education for people & planet: Creating sustainable futures for all [M]. Paris: UNESCO, 2016.

第三章 研究框架与内容设计

对标联合国教科文组织《教育2030行动框架》提出的目标任务,研究设计我国推进国家教育现代化发展目标的指标体系和方法,既要体现先进教育理念的引领和中国对推进全球教育治理的贡献,更要从贯彻落实党和国家提出的加快推进教育现代化、建设教育强国和办好人民满意的教育的战略目标和任务出发,坚持目标导向、问题导向和效率导向,立足于研发具有广阔国际视野、符合中国国情、满足全国及各地教育现代化改革发展实际需要的2030发展目标监测指标体系及其监测评估方法。

一、研究思路、视角和路径

(一) 研究思路

教育指标体系是衡量教育系统状况的重要载体,是教育治理的重要工具。在20世纪70年代,世界范围内曾形成一个研究社会指标的热潮——"社会指标运动",试图通过建立社会指标体系、框架,采用统计指标、数字,客观、可测量地探测和预测社会的变化,从而找到一种既能对社会系统进行结构化认识,简化和梳理繁杂的社会信息,又能对系统演化和运行过程实时监测的工具。自20世纪80年代中后期以来,教育指标作为社会指标的一部分,作为汇集教育数据、监测教育发展和支持教育决策的重要工具,在世界范围内,逐渐成为教育研究的一个重要领域。

进入新时代,我国现行教育发展目标监测体系及其方法已不能够适应教育治理现代化的新要求,不能有力推动全国及各地教育现代化发展新目标、新任务的有效落实,迭代升级成为必然选择和迫切要求。本书围绕这一总体问题,立足我国人口大国和地区之间发展不平衡的国情,聚焦并致力于教育监测指标和监测方法的系统性创新研究,重点解剖教育2030目标推进的整体性、动态演化性和不确定性,对指标体系的框架结构、指标的筛选与测量、指标的演化发展和关联关系、教育发展水平的动态测量、指标体系的验证等进行深入研究。在系统梳理当前研究的基础上,对接联合国教科文组织的2030指标,构建一套具有中国特色的、面向世界的教育2030指标体系的通用型框架,并利用大数据技术赋能,把监测指标变成可测量的工具,为基于证据的政策改进、更好落实《中国教育现代化2035》战略任务提供坚实基础。

本书在教育2030目标监测指标体系构建中将突破以往"见物不见人"的缺陷,把促进学习者全面而有个性发展的监测作为首要内容,聚焦学习者、学校、体系、治理、贡献和影响力等主要方面。不仅各个方面的内容不存在交叉重叠,而且力求使监测对象具有直观性。同时,把教育服务经济社会发展的贡献、中国教育在世界上的影响力纳入监测指标体系,这既符合中国在世界上地位不断提升、提升中国教育自信、中国参与全球教育治理的趋势和要求,同时使监测指标体系避免就教育论教育的缺陷。

(二) 研究视角

教育规划目标是行动的导向,但规划目标转化为行动实践并不是一个自动实现的过程,存在着各种各样的瓶颈或制约因素。因此,为确保监测指标体系的构建能够成为我国推进教育2030目标落地、目标实现的有效抓手,构建新时代具有中国特色和世界先进水平的监测指标体系,尤其是在大国国情下确保监测指标体系客观准确地反映教育质量并落实到人的发展层面,以及基于地区经济社会发展不平衡的实际来确保监测方法科学合理、切实有效推进行动实践显得尤为重要。

本书把教育2030目标监测需求分析视为基础、监测指标体系构建作为核心、监测方法创新作为关键、监测结果应用于政策改进作为落脚点,四个环节紧密相关、环环相扣,构成总体研究框架。本书重点研究监测指标体系构建和监测方法创新这两个中间环节,但在研究过程中不能脱离监测需求分析、监测结果应用于政策改进两个环节。作为基础的监测需求分析,是按照问题导向与目标导向相结合的原则,从理论、实践、评价等视角予以梳理。作为落脚点的监测结果应用于政策改进,是监测指标体系和监测方法发挥价值的必然选择。在此背景下,本研究从空间维度和时间维度两个视角出发,切实为我国推进2030教育目标实现提供支撑。

一是空间维度的视角。目前和今后一段时期,我国经济社会发展仍然呈现出典型的二元结构,区域发展较不平衡,教育的发展存在诸多差异,这决定了我国教育目标监测的地域性特征。指标体系研制关注系统性,既要突出教育现代化整体发展需要,又要考虑区域的优势和特色。为此,指标体系研制关注实用性,既要选择在推进教育现代化实践探索中政府、社会、学校和人民群众等各方普遍关注的指标及数据信息,又要选取一些与破解区域及各地教育发展重大问题、热点、难点高度相关的直观易懂、边界明确、可测量的指标。另外,指标体系的设计和研发需要坚持从实际出发,理解和适应各地区教育事业发展的差异性,依托指标体系建设以及后续监测评估工作,高标准开发建设教育目标监测评估分析系统,努力实现相关数据信息采集、分析、展示、查询服务等的智能化。基于上述原则和要求,本书收集、梳理教科文及不同类型国家为落实《教育2030行动框架》设计的监测指标及采取的行动、经验;分析《中国落实2030年可持续发展议程国别方案》发布以来各目标监测的经验及其对教育目标监测带来的启示;总结近年来我国省市区教育目标实现程度的有关监测指标、监测方法与制度,研究其多样性特征,并发现多样化实践背后的思想、理念和理论基础;研究区域发展背景下的教育 2030 目标实现的监测指标及实施机制,即结合我国推进区域教育发展新战略,探索与国家区域发展战略相匹配的教育 2030 目标监测。

二是时间维度的视角。"2030 年可持续发展议程"突出了教育的重要作用,建立了"教育第一"的核心理念,这与中国政府"把教育摆在优先发展的战略地位"的思想高度一致。作为可持续议程的发展目标之一,我国推进教育 2030 目标实现需要确定若干对实现发展使命、愿景与战略目标起重大影响和直接贡献的、不可或缺的关键领域。根据我国实现不同阶段的教育现代化发展目标,研究需要监测的重点内容以及应该采用的监测方法,合理确定不同节点的判断标准。具体而言,包括到 2020 年我国基本实现教育现代化阶段,教育发展的重点、短板及其监测需求;到 2022 年和 2025 年,我国教育现代化发展的阶段性特征和目标监测需求及重点;指向 2035 年总体实现教育现代化的监测指标体系构建及监测方法。

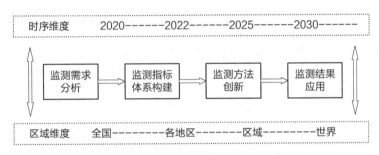

图 3-1 推进教育 2030 目标监测研究总体框架

(三)研究路径

本书坚持理论与实践相结合,监测指标体系构建和监测方法创新相结合,国家目标导向监测和促进分类发展相结合,监测指标应用和提高教育治理能力相结合,瞄准我国教育 2030 目标,在国际先进教育监测指标比较的基础上为我国 2030 年教育监测指标的设计提供科学性依据,寻找监测指标选取、指标内涵、指标类型、指标功能以及指标数据采集等方面的通用规则和一般规律,从而整体设计出我国推进教育 2030 目标的监测指标。同时注重厘清教育现代化宏观政策与教育现代化微观实践的关系,全面监测指标体系与关键领域环节问题的关系,教育监测信息与决策应用及监测信息应用之间的关系,教育现代化与人民满意教育的关系,加强对我国各地区经济社会发展差异及其对教育影响的研究,并分析区域教育目标监测中存在的问题,提出完善与创新监测机制的建议。

1. 总结实践经验和前沿理论指导相结合

教育理论与实践的关系,是教育研究中一个根本性的方法论问题。英国教育哲学家赫斯特(P. H. Hirst)认为教育理论是一种"实践性理论"(Practical Theory)①,即教育理论的实践性,教育理论与实践转化并不是简单的非线性关系,而是各自既相互独立,又互相联系互相叠合的连续的、循环的系列。全面总结国际、全国及区域教育规划目标监测推进实践和做法,并从中找到推进我国教育2030目标监测指标体系构建及方法创新存在的主要问题,以及问题解决的探索及经验。同时,关注教育发展监测的前沿理论,尤其是国内外教育监测评价理论、指标体系构建、教育数据信息统计调查及数据分析技术、监测评价技术方法等,为推进教育现代化2030目标监测指标及方法提供有力理论指导。具体来看,指标体系研发以可靠的理论和实践支撑,确保后续的实际监测评价研究工作科学、有效和高认可度,能够综合运用多方面权威数据信息,采用先进的监测评估方法,获得可靠的监测评估结果,同时,通过优先选用一批认可度高的国内国际统计指标,为开展不同区域和国家之间的比较分析提供基础支持。对此,研究致力于建立一个教育部门和智库、独立咨询机构、高校等第三方机构多元参与、有机结合的良好运行机制,设立由不同领域专家组成的咨询组,凝练多方智慧,不断提升指标体系研发的总体水平。

2. 监测指标体系构建和监测方法创新相结合

在充分借鉴国内外教育现代化研究成果的基础上,参考我国部分发达地区教育监测的实践探索与经验,结合我国教育发展的实际和未来教育发展目标,以崭新的理念和思路,设计、研究、形成我国教育监测指标体系,全面体现我国教育现代化程度赶超与高质量的深刻内涵,以及指标与标准所蕴含的我国教育现代化对高水平、高标准的追求,提高我国教育现代化水平评价指标和标准的科学性、合理性、先进性与赶超性。同时,将整合利用多种类型数据,把统计数据和调查数据及学业质量数据相结合,充分利用国家教育统计数据,并同步开发运用网络问卷调查数据收集平台,在分类指标数据分析模型的基础上,研究开发教育发展目标监测系统平台,并基于动态更新数据开展挖掘分析。

3. 国家目标导向监测和促进分类发展相结合

推进教育2030目标是我国履行联合国教科文组织《教育2030行动框架》承诺的体现,也是《中国教育现代化2035》阶段性发展目标的重要组成部分。在当前和今后一段时期甚至较长的历史阶段里,我国经济社会发展仍然呈现出典型的二元结构,城市和农村、发达地区和欠发达地区之间的经济社会发展水平往往跨越几个经济发展阶段。区域发展不平衡、教育发展存在诸多差异,决定了我国教育现代化推进的分地区、分阶段、分类型特性。我国各地区的教育目标监测模式不能是同一模式,而应从各地经济、文化、教育发展的实际出发,采取多样化的策略和措施,分区域、分层次逐步推进。为此,本书在研究内容上既体现对教科文目标指标的反映,同时体现中国特色和《中国教育现代化2035》总体目标。尤其是在全国目标既定情况下如

---

① 瞿葆奎.教育学文集·教育与教育学[M].北京:人民教育出版社,1993:441.

何涵盖和全面反映教科文 2030 目标指标,同时坚持国家目标导向监测与促进分类发展相结合,与各地方教育现代化发展目标实现链接和互动,这是本书拟探讨的一个重要问题。

4. 监测指标应用和提高教育治理能力相结合

教育治理现代化是教育现代化的重要内容,它与教育其他各方面的现代化共同组成教育现代化的完整形态,涵盖了教育治理体系现代化与教育治理能力现代化,是解决教育发展过程中的体制机制阻隔、利益冲突、权利矛盾的重要路径,已成为新时代实现我国教育现代化的关键。其中,完善监测与评估制度,是教育治理体系现代化和治理能力现代化提升的必然,也是推进教育现代化的内在要求。从指标体系走向制度建设,是基于教育目标监测结果促进政策调适的关键。无论是 2020 年国家基本实现教育现代化的战略目标推进,还是落实政府职能转变、提高教育治理体系与治理能力现代化,都需要教育监测超越指标,从制度建设高度,充分发挥教育现代化监测指标体系所具有的分析与评价、预警改进与激励等功能,建立健全教育目标监测机制,这是国家教育现代化可持续发展的重要保障。本书将监测指标构建应用和提高教育治理能力相结合,促使监测结果与政策改进、提高教育治理能力相关联,推进政府与教育研究机构、技术开发及运维机构、学校的有效联动机制建设。

二、研究方法、手段和技术路线

从局部到整体、从单纯到繁杂、从关联到因果、从简单到深入,大数据给科学研究思维和方式带来四个革命性变化,这是本书在设计教育发展目标监测方法框架时所秉持的基本思想。国家宏观层面的教育 2030 发展目标监测问题,是典型的宏观管理决策问题,需要从微观、宏观、整体、局部、定性、定量等多个视角进行研究。为此,本书在定性定量相结合方法的指导下,将大数据分析技术与基于样本的数理统计分析相结合,将定量分析方法与基于专家经验和智慧的定性分析方法相结合,利用历史的和现实的评估数据,研究定性定量相结合的教育发展指标综合监测方法,实现专家参与下的监测数据和教育发展趋势的综合分析,将基于数据的定量分析与教育专家的认知进行有机融合,为教育管理决策提供可信的监测评价结论。

(一) 文献研究

文献研究主要指搜集、鉴别、整理文献,并通过对文献的研究形成对实施的科学认识的方法,利用知网、谷歌学术、web of science 等搜索引擎,对国内外学者关于监测理论、技术、工具、方法等问题的相关文献和研究成果进行分析整理。同时,对联合国教科文组织、经济合作与发展组织、世界银行、欧盟等国际组织和部分发达国家教育发展统计、评价、监测指标等方面的相关研究报告进行比较分析;对国内部分地区已出台的教育现代化目标监测评价理念、方法、技术等进行分析研究。力求从理论和实践、国内和国际等多个维度对 2030 教育目标监测指标体系与方法的内涵、特征进行系统梳理、分析和提炼。

（二）多源异构数据分析

多源异构数据指一个整体由多个不同来源的成分而构成，既有混合型数据（包括结构化和非结构化），又有离散型数据（数据分布在不同的系统或平台）。我国推进2030目标监测指标体系构建及应用的过程，是在指标框架下利用各类海量数据试测并不断优化的过程。针对教育现代化监测指标筛选、指标合成、权重设定、指数计算等问题，采取德尔菲法征求专家学者意见，通过问卷调查收集公众声音和民生关切，利用定量分析的方法对教育发展中的定量指标数据进行统计分析，确保指标体系构建及应用具有科学性、可行性。多源异构数据的分析处理，重点是解决监测指标体系构建及方法的技术模型和系统应用难题，通过多轮试测和多维展示，分析统计数据和调查数据耦合方式，模拟"基期值"基础上分类型、分区域的数据呈现方式，使分析指标具有可测量性、区分度、中国特色体现度等质量特征。

（三）调查研究

调查研究，是应用客观的态度和科学的方法，通过对某种社会现象在确定的范围内进行实地考察，并搜集大量资料以统计分析，从而深入探讨分析社会现象。其目的不仅在于发现事实，还在于经过系统设计和理论探讨，形成假设，再利用科学方法到实地验证，并形成新的推论或假说。在对标教育2030目标的过程中，为从总体上破解各地教育改革与发展中碰到的实际问题，采用实地调查方法，选择我国典型地区构建监测指标体系及应用的现状、经验和问题，同时通过调查把公众的声音、反映教育质量与教育治理能力的指标融入教育监测指标体系，并在不同研究阶段听取典型地区对监测指标体系和监测方法的意见，更客观、科学地展示我国教育发展中的问题，为教育2030目标监测指标体系的构建提供参考依据。

（四）比较研究

比较研究是根据一定的标准，对不同国家或地区的教育制度或实践进行对比分析，寻找出各国教育的特殊规律和普遍规律的方法。在本书中，为体现监测指标与教科文组织教育2030监测指标框架的有效衔接，对教科文组织、OECD以及美国、欧盟的教育监测相关指标体系、数据进行比较研究，注重吸收国际权威评价工具和以往的经验教训，既借鉴国际上研发推广的监测工具和监测方法技术，又立足中国国情，体现我国新时代教育发展监测的新需求，努力建构一套科学、合理、可操作和真正能够发挥引导与诊断作用的监测指标体系及监测方法。

三、研究子课题设计

本书研究设计的五个子课题如下所述。

（一）教育发展监测的理论前沿与实践

理论基础分析，是构建教育2030目标监测指标体系的前提。尽管近年来教育发展监测的理论研究在我国学术界受到越来越多的关注，尤其是借鉴国际上教育监测经验并探索中国本土化研究路径,但如何构建更契合新时代背景、更完整反映教育发展状况、更具有引领教育改革和发展的指标体系,仍需要深入研究。因此,子课题"教育发展监测的理论前沿与实践",从教育监测指标体系构建的技术视角理解和制度视角理解出发,对两种理解进行比较分析,对传统的监测模式进行反思,对新时代教育监测面临的问题与主体变化进行分析,在此基础上予以整合,提出指向于推进教育行动实践的治理视角,为研究确立教育2030目标监测指标体系提供理论基础。

(二)国内外教育2030目标监测的比较研究

教育2030发展目标的监测,是一个涉及全国的教育、科技、经济、社会发展的跨领域监测问题,需要广泛收集来自国家、地区的各领域相关基础数据。无论是教科文组织《教育2030行动框架》提出的监测指标,还是《中国教育现代化2035》确立目标的监测,其影响因素众多,从宏观到微观,涉及政治、经济、社会等领域。子课题"国内外教育2030目标监测的比较研究",在全球视野下着力通过国际比较,分析 PISA、TALIS、PIAAC、全球学习型城市评价等国际公认的教育监测指标,开展指标设计元研究。根据国际权威机构教育指标选择的高频原则,借鉴和吸纳国际机构常用的重要指标,如世界银行、联合国教科文组织、OECD 等国际机构和一些发达国家广泛使用的各级教育普及率、教师能力水平、办学条件与经费保障、人力资源开发水平等方面的指标。从中寻找监测指标选取、指标内涵、指标类型、指标功能以及指标数据采集等方面的通用规则和一般规律,分析研究区域教育发展监测评价指标构成及其特色,研究区域教育现代化监测的实践,尤其是研究探讨国家教育现代化发展目标导向下区域未来教育现代化监测评价的重点及其方式,以及各地区教育现代化监测评价工具开发、监测体制机制创新等方面的经验和创新做法,从而为整体设计出我国推进教育2030目标的监测指标奠定基础,为我国研究制定2030教育现代化监测指标体系及方法机制提供全球视野、比较参照和方法基础。

(三)教育2030目标监测指标体系构建思路与框架研究

教育指标体系是一个系统连续的监测过程,以求真正反映出教育发展的轨迹及其同社会发展的关系变化趋势。然而,众所周知,教育发展关联众多领域,人才培养质量提升和教育内涵建设是一个动态发展的过程,全国以及不同区域、某一地方的教育目标是否如期实现,抑或是某一时间点教育目标的实现程度如何,很难完全通过一组较长周期的统计数字或一套程序化的信息所反映,难以支撑和服务及时的决策和有效的对策。国家教育2030目标的监测,目的是进行教育发展水平的评价、监测和分析,为决策提供支撑和服务,这就涉及全国和省域的不同视角,涉及时间维度上历史、当前和未来等不同阶段,同时还涉及政府治理、多元化投入、教育者和受教育者等多个利益群体之间的冲突和博弈。如何将内涵丰富的教育发展目标转化为可监测可评价的指标、如何构建新时代具有中国特色和世界先进水平的监测评价指标体系,尤其是在人口和教育大国的国情下,如何确保监测评价指标体系客观准确反映教育质量尤其是落实到人的发展层面,以及怎样基于地区经济社会发展不平衡的实际,确保监测方法科学合理,这些都是至关重要的问题。子课题"教育2030目标监测指标体系构建思路与框架研究"在监测需求分析和指标国际比较研究两个子课题基础上,着力于顶层设计,提出指标体系构建思路与框架,这是确立监测指标体系与筛选核心指标的依据。根据教育现代化发展的目标要求和实际需要,以民生关切为导向,设计包括学习者、学校、教育体系、教育治理、教育贡献和教育影响力作为一级指标的教育2030发展理论框架,使用K-W检验等非参数检验和因子分析的方法验证该框架的科学性。在指标权重的确立过程中,主要使用层次分析法进行各级指标的赋权。邀请专家对一级指标和一级指标下的二级指标生成判断矩阵,并使用建模分析软件对专家构建的判断矩阵进行验证和求解,最终对通过验证的判断矩阵的解进行二次求解,得到各指标的权重。

(四) 2030教育目标监测方法与技术创新研究

监测方法与技术是教育监测项目的核心,也是本书研究的重点难点问题。子课题"2030教育目标监测方法与技术创新研究",首先通过追踪国际最先进教育监测评估流派发展进展,重点对教育监测方法论和具体监测评估技术进行分析,对科层制理论、新公共管理和公共治理理论下的监测评估转变趋势,尤其是分析"在东方社会背景下发展起来的物理—事理—人理(WSR)评价方法论"对核心指标选择、指标体系构造和评价结果分析上的影响。同时结合国内外教育监测项目的方法,拟集成群体SWOT分析方法与一般定性定量分析方法的各自优势,综合运用主观赋权评价方法、基于数值统计的评价方法等。同时对全国教育发展目标监测获得的大量数据进行多维度可视化监测分析。通过构造数据分析模型,研究教育发展目标涉及的各个领域之间的影响关系,分析面向教育发展目标监测的指标体系的关联关系,力图发现对教育发展目标推进贡献更大的关键性指标,多视角、多层次、可视化地展现教育2030目标推进情况的动态演化过程,对教育发展的整体水平进行评价、监测和分析,为我国教育2030目标监测方法创新尤其是模型构建奠定基础。该子课题是在监测需求分析、指标国际比较研究、监测指标体系构建思路与框架三个子课题基础上的技术化、操作化,是本书研究中技术含量最高的部分。

(五) 教育目标监测机制创新与政策建议

坚持问题导向和结果导向相结合,重点围绕我国教育2030目标推进中开展动态监测并依据监测结果进行政策调适这一目标,分析监测体制机制存在的问题,提出监测机制创新的建议。采用文献研究、数据分析、实地调查等方法,对教育发展监测及政策调整取得有效经验的部分地区进行调查研究,分析区域教育规划目标监测机制的总体现状、典型经验与主要问题,总结在政策调适机制和政府治理体系中有鲜明特点和成效的新做法新经验;采取专家征询方法,分领域、专家类型、层级利用专家研讨会和头脑风暴方法,对确定教育发展政策调适重点、制度机制创新等进行征询,探讨建立中央对地方、地方政府之间以及政府与学校之间的协商、任务分解、责任共担和调整政策的共同落实机制,研究建立新型央地协商与契约机制的思路,提出区域教育发展目标监测机制创新的建议,包括适时预测、预警预报机制、监测信息发布制度、动态监测公共信息服务机制、区域引导与激励机制、政策调控公共参与机制和公共问责机制等。

第四章

指标体系设计与构成

构建具有国际视野、符合中国国情的教育发展目标监测指标体系,必须深入贯彻习近平总书记关于教育的重要论述,锚定2035教育强国、教育现代化发展目标,落实立德树人根本任务,坚持为党育人、为国育才;坚持系统观念,全面覆盖各教育阶段体系,综合考虑资源投入、法治建设、教育生态等全方位育人要素,多种形式反映教育产出、贡献、影响力和人民群众满意度;兼顾中国特色和国际可比,既优先选用认可度高的国内现有统计指标,又合理选用国际机构和部分发达国家广泛使用的教育指标;立足服务国家区域发展战略,面向国家和重点区域经济社会发展需要,准确把握国家和重点区域教育发展阶段性特点,推动教育深度融入新发展格局,引领教育实现高质量发展。

一、指标体系设计思路

指标体系作为实施监测、诊断、判断、评估或评价专项工作的基础工具,其构建和研发工作涉及的因素众多。不同的功能导向,必然要求不同的指标选择和指标集合构成,需要体现不同的原则要求,以系统的思路进行统筹设计。

(一)明确指标体系的功能与指向

围绕推进国家实现2035教育现代化发展战略目标和要求,针对落实2030年的目标任务,一是要立足监测评估全国及各地教育现代化发展总体水平、进展变化以及分阶段发展目标的达成程度设计指标体系,综合分析评价教育现代化政策、举措成效,为科学判断和把握教育现代化发展提供可靠支撑;二是要立足监测评估全国重点战略区域,如京津冀、长三角、粤港澳大湾区、长江经济带、黄河流域等国家重点发展区域,通过分析和评价重点区域教育高质量联动发展的举措、进展及主要问题,为推进区域教育现代化协同高质量创新发展提供重要依据,发挥区域教育一体化发展对全国教育现代化发展的引领和带动作用;三是针对全国各地进行教育现代化监测评价,遵循党和国家法规、政策要求,对照各地确定的教育现代化发展目标和任务要求,监测评估和判断其发展水平与进展、目标实现程度及发展趋势,发掘典型,总结经验,诊断不足,确定短板,通过及时反馈,服务科学决策和精准施策;四是在国内教育现代化坐标系中分析判断各重点区域、各地教育现代化发展的所处方位、历史变化与趋势、同类型区和各地之间的优势和差距，同时在可比较的国际教育坐标系中，比较分析和判断全国、重点区域、各地在不同国家类型比较中的地位、变化、优势、不足和发展前景，为全国、重点区域和各地科学把握全局、合理确定发展战略和选择合理的发展路径提供可靠支持。

（二）确立指标体系构建基本原则

围绕实现确定的指标体系监测评估功能，指标体系研发和构建，一是要体现导向性，即贯彻落实习近平新时代中国特色社会主义思想和关于教育的重要论述，落实党和国家教育现代化的大政方针，体现党和国家相关法规、政策、工程、计划和相关重要文件精神和要求；二是要体现系统性，即充分认识和反映大国教育的复杂性、多样性，充分体现教育的内、外部关系规律，既突出重点，又兼顾教育的不同层级、不同领域及不同环节；三是要体现可比性，即加强指标设计的各地、区域之间以及国际可比性，促进城市、东部及沿海发达地区进一步改革开放、率先实现教育现代化，发挥应有的标杆示范作用、代表中国参与国际教育交流合作，鼓励和支持中、西部地区尤其是落后的边远山区、农村地区尽快补齐发展短板，加快改变优质教育资源、师资等方面的不足以及配置不合理等突出问题；四是体现实用性，即深入学习和领会中国式现代化的特征和本质，从大国教育实际出发，充分考虑现阶段我国、重点区域和各地教育发展的阶段性特点和主要矛盾，选择和设计一批有较强针对性和可操作性的指标，实现问题导向，实实在在地服务于破解发展中的突出问题。

（三）监测内容系统化与"人体型结构"逻辑

面对新时代我国教育高质量发展的新需求，教育2030目标监测体系及其方法的研究与确立，既要透过纷繁复杂的教育现象努力体现先进的教育理念，遵循教育规律和人的成长规律，又要全面把握新时代人口大国教育发展目标的整体性，实现教育发展目标监测体系及其方法研究与确立的系统化。

本书在教育2030目标监测指标体系构建中突破以往"见物不见人"的缺陷，把促进学习者全面而有个性发展的监测作为首要内容，聚焦学习者、学校、体系、治理、贡献和影响力六个方面。这六个方面构成教育发展目标监测体系的基础内容。其中，前四个方面主要围绕人的发展反映教育的内部关系规律，即将学习者全面发展放在第一位，突出人的发展，而不是事业规模发展，更不是物质层面的发展，而人的发展首先主要还是依托学校教育，特别是依托学校的育人环境。尽管学校是接受教育、选择学习服务的主要场所，但不能为每个人的终身学习和发展提供泛在的学习选择与机会，学校教育必须放在现代化教育体系之中。现代教育体系需要获得现代教育治理体系和能力的支撑与保障，这是教育适应新时代新变化新需求的必然要求，也是教育体系获得动力、产生活力的源泉。相对于教育的内部关系规律，教育的外部关系规律则体现在教育贡献度和教育影响力内容之中，即以促进人的发展为基础的教育机构、教育体系、教育制度等要素必然要对教育外部做出更大的社会经济发展贡献，产生更为显著的对内对外的教育影响力。

上述监测指标体系的内容逻辑是:以人的发展为核心,以学校教育为主要载体,依托以非正规、非正式教育为补充的现代教育体系,由教育体系和教育治理水平提供支撑,由服务贡献和国际影响力体现教育溢出效能,构建全面、系统化的教育发展目标监测"人体型结构"。人的发展是"头部",学校环境是"躯干",现代教育体系、教育治理水平是"双腿",教育的贡献度和影响力是"双手"。

图4-1 "人体型结构"教育发展目标监测示意图

第一,关注学习者的发展是教育发展目标监测体系的核心。人是随着社会历史的发展而发展的,人的发展是由社会历史条件所决定的,是与社会历史的发展相一致的。① 从20世纪80年关注"教育质量"到90年代的"教育标准化建设",再到"21世纪核心素养",对人的发展的要求随着时代的要求发生着内容、形式等方面的变化。21世纪以来,世界各国不约而同地积极探索更加适应未来工作与生活的21世纪技能(21st Century Skills)或横向能力(Transversal Competencies)。② 欧盟、经济合作与发展组织等国际组织,芬兰、美国、新加坡、中国等国家纷纷制定了各自21世纪素养、技能或能力框架,强调跨文化能力、创新、批判能力等,旨在培养具有21世纪技能的终身学习者。"教育培养什么人、怎样培养人和为谁培养人",这一重大命题在不同的时代被赋予了不同的内涵。但教育的育人基本功能没有变,即促进学习者实现全面发展、终身发展,这也是教育工作的出发点和落脚点,而学习者的发展又主要体现在德智体美劳诸多方面的知识、技能和素养的增长和提升上,教育发展目标监测体系应将学习者的发展放在重要地位。

第二,学校教育是促进人的发展的重要载体。长期以来,人类的基本教育活动是由各级各类学校来组织完成的,这种实体化的学校组织运作使制度化的教育系统日趋严密和完善。③ 随着云技术、大数据、人工智能等新科技的崛起,其蕴含的巨大的变革力和想象力催生了新的教育形态。但人的教育不单单是确定性知识的传授,还包括信仰、价值观、品德塑造、健康的心理、社会交往等,这一切都需要在实体学校和现实社会环境中通过学生的亲身参与才能完成。因此,无论是现在还是未来,学校都是支持和促进学习者发展的必要场所,学校教育的部分功能可能会被其他机构或某些新的技术所转化、替代,现行学校的运行模式和样态也可能会发生某种新的变化,但各级教育学校仍将是每个人实现系统学习和接受教育服务的最重要载体。

---

① 联合国教科文组织.反思教育:向"全球共同利益"的理念转变?[M].联合国教科文组织总部中文科,译.北京:教育科学出版社,2018.
② Care E. Global Initiative Around Assessment of 21st Century Skills [DB/OL]. (2017-05-30) [2022-10-09]. http://bangkok.unesco.org/content/global-initiative-around-assessment-of-21st-century-skills.
③ 范国睿.智能时代的教师角色[J].教育发展研究,2018,38(10):69-74.

正如联合国教科文组织的报告《反思教育:向"全球共同利益"的理念转变》中所说,学校是人生走出家庭,走向社会的第一个公共场所,是人生社会化的第一步。① 这也意味着学校必然是教育发展目标监测体系的重要内容。

第三,支持学习者泛在学习有赖于构建现代教育体系。非正规教育、非正式教育作为终身学习服务体系的一部分,也是学习者获取知识、增长技能、提升素养以及得到终身发展和实现美好生活的重要途径。无论如何,当今世界教育格局的变革促使人们越来越认识到,正规教育机构之外的学习具有重要性和相关性。其发展趋势是从传统教育机构,转向混合、多样化和复杂的学习格局,在这当中,通过多种教育机构和第三方办学者,实现正规学习、非正规学习和非正式学习。② 对于每一个学习者全面而有个性的终身学习与发展,显然只靠学校教育是不够的,还需要能够支撑和服务每个学习者实现泛在学习的现代教育体系,这必然包括了各级各类教育学校和其他多种多样的教育供给机构和服务模式。正如顾明远先生所说,在教育技术界早已有一个名词,叫"泛学习",即正规教育与非正规教育、正式教育非正式教育的结合,这是终身教育的理念。③ 因此,教育发展目标监测体系理应包含现代教育体系。

第四,现代教育治理体系是教育发展目标监测体系的重要组成部分。《1997年世界发展报告:变革世界中的政府》中提出,"在世界各地,政府正成为人们瞩目的中心……它的作用应该是什么,它能做什么和不能做什么,以及如何最好地做好这些事情"成为我们重新思考与定位各项社会事业发展的起点。④ 面对二战后西方福利国家政府管理危机、市场失灵,"治理"的概念应运而生。其重心在于政府管理和学校内部管理两个层面上的社会广泛参与,赋予社会更多的治理权限,以制度化的方式征询民意和集中民智,更好地发挥全社会的作用。⑤ 现代教育体系一般被认为是服务适龄人口的各级各类学校和面向所有人提供教育服务的机构或平台,尽管现代教育体系能够提供给每个学习者便利可得的教育与服务,但要实现多元参与、共建共享、融合发展和依法治教,还需要加快形成现代教育治理体系,即现代教育治理体系也是教育发展目标监测体系的重要组成部分。

第五,教育服务贡献在新发展阶段愈加凸显。一百多年前,杜威在评论柏拉图的教育哲学时指出,柏拉图的教育哲学之所以失败,在于他不相信这样的事实:教育的逐步改进能造成更好的社会,而这种更好的社会又能改进教育,如此循环进步以至无穷。⑥ 20世纪60年代,为保证每个孩子享有同等受教育的权利,全球教育改革致力于推进教育民主化;到了70年代,公众

---

① 联合国教科文组织.反思教育:向"全球共同利益"的理念转变?[M].联合国教科文组织总部中文科,译.北京:教育科学出版社,2017.
② Scott C. The Futures of Learning [R]. Paris: ERF Working Papers, 2015.
③ 顾明远."无界"学习,人人可学,时时可学,处处可学[EB/OL].[2022-08-26]. https://new.qq.com/rain/a/.
④ 世界银行.1997年世界发展报告:变革世界中的政府[M].北京:中国财政经济出版社,1997.
⑤ 褚宏启,贾继娥.教育治理中的多元主体及其作用互补[J].教育发展研究,2014,34(19):1—7.
⑥ Dewey J. Democracy and Education [M]. Carbondale: Southern Illinois University Press, 1980.

开始反思当下的学校教育结果,以美国为首的发达国家将国家教育政策的重心转回到学生基础知识的掌握与获得,有学者认为这段时期是教育改革既复杂又矛盾的时代,保守主义的外部控制与新自由主义的自由交织在一起。① 自 80 年代起,基于标准化的教育质量提升成为全球教育改革的重中之重。在这个过程中,各国的教育改革面临着一些共同的问题,各国之间的边界从未如此模糊。② 20 世纪 90 年代末,教育领域面临的复杂的外部环境,经济全球化和前所未有的数字化转型可能会增加现代世界的复杂性以及变化的速度,这主要是因为全世界的连通性增加和个人受教育程度更高。这两个要素——复杂性和变革速度——意味着将教育与塑造我们生活的世界的趋势联系起来从未如此迫切。③ 新时代的教育必然是支撑社会经济发展的重要力量。通过对世界银行、OECD、UNESCO 等国际组织的教育指标分析发现,国际教育指标体系普遍注重反映教育投入—过程—产出的完整过程,而我国的教育指标体系多注重教育投入和最终结果,一般不反映教育发展过程和教育产出。其中,"服务贡献"是一个教育组织或机构承担社会责任的实力与实现程度,是体现教育效能的重要组成部分。国家的教育除了被赋予培养人才、促进每个人的发展的基本功能外,还被赋予了对社会经济发展的服务贡献功能,这包括国家、区域和各地的人力资源开发以及推动科技创新、文化发展及国际合作交流等,因此教育发展目标监测体系必须包含教育的服务贡献。

最后,教育的国际影响力作为彰显我国教育在全球教育地位的重要指标,是衡量教育实力的重要方面。进入 21 世纪,世界多极化、经济全球化、文化多样化推动着全球范围内的教育变革深入发展,国际教育格局发生了深刻演变,为了在此变化中紧随时代前进的步伐,保持本国在教育领域内的世界领先地位,越来越多的国家开始吸引留学人数,实施学历学位互认等。发达国家之间的教育竞争不断加剧,通过争抢国际教育市场份额,吸收和招收更多学生,提高本国教育的国际竞争力。其中,澳大利亚提出 2015 年要实现招收国际学生 72 万人的目标,加拿大提出到 2022 年招收 45 万人,德国提出到 2020 年招收 35 万人,新西兰提出到 2025 年招收 14.3 万人。④ 作为具有全球影响力的大国,中国教育发展取得了举世瞩目的成就,教育总体发展水平跃居世界中上行列,与发达国家的差距逐步缩小,相对于新兴经济国家和发展中人口大国,教育发展的比较优势越发明显。2019 年以来我国主动变革,积极作为,深入参与联合国教科文组织的重大倡议、重要议程、重点计划,推动教育数字化转型,为实现"2030 年可持续发展议程"注入新动力。随着国家综合实力提升,不断提高中文的国际地位和影响力,以及创建更

---

① Hargreaves A, Goodson I. Educational Change over Time? The sustainability and non-sustainability of three decades of secondary school change and continuity [J]. Educational Administration Quarterly, 2006, 42(1): 313-324.
② Whitty G. Delegation and Choice in Education: The School, the State and the Market [M]. Beijing: Education Science Press, 2003.
③ OECD. Trends Shaping Education 2019 [M]. Paris: OECD Publishing, 2019.
④ 李建忠. 演变中的国际教育格局——教育国际化发展趋势扫描[N]. 中国教育报, 2018-12-07.

多全球学习型城市,是我国建设教育强国的内在要求。2022年全球有180多个国家和地区开展中文教学,其中81个国家将中文纳入国民教育体系,目前正在学习中文的人数超过3 000万。党的二十大描绘了以中国式现代化全面推进中华民族伟大复兴的宏伟蓝图,这为扩大教育国际交流合作与提升教育文化软实力提供了更加宽广的舞台,为提升教育世界影响力创造了更大机遇。因此,教育的国际影响力成为我国教育发展目标监测体系中的重要组成部分。

(四) 大国教育监测与关注区域差异特色

我国拥有世界上最大规模的教育人口,受各地区社会、经济、文化、区域禀赋等多种因素的影响,教育发展不平衡,教育体量、结构、质量、效益、分布等均不相同,存在区域、城乡、学校以及人群之间的差距。对照国家教育现代化发展战略与目标要求,充分考虑必要性和可能性,各地从实际出发设计和确定自身的教育发展目标。

通过比较东部沿海发达地区和中、西部欠发达地区的教育规划目标,发现在同一发展阶段,不同地区确定的教育发展战略和目标有很大的不同,围绕发展目标确定的改革发展重点任务也有很大的区别。即便是各地区都围绕高质量发展提出教育改革发展战略和目标,但高质量发展的具体内容差异很大,关注重点也不尽相同。因此,国家层面的教育发展目标监测体系构成,必然要充分考虑不同地区的教育改革发展差异和特色。另外,各级各类教育机构承载的功能差异很大,即使是在培养人才这一个功能方面也有很大区别,不仅各级教育的人才培养目标、评价标准差异显著,教育教学方式也各有特点,管理运行模式重点更不相同。在人才培养之外,各级各类教育的其他功能差距更为明显,比如高等教育肩负着科技创新、社会服务、传承创新文化、促进合作交流等多项重要功能。其中,仅在高等教育服务国家、区域和地方发展方面,就会涉及教育内外部多方面因素。因此,确定国家层面教育发展目标监测体系,要按照指标构成多样化的原则和思路,按照教育的内、外部关系规律,充分考虑和反映全国不同地方推进和落实教育发展目标的实际需要,充分考虑和反映各级各类教育功能的多样性、人才培养和教育教学活动的复杂性等要素,设计和选择一批体现教育内涵多样化的监测指标。

由此,为发挥教育发展目标监测指标体系对全国各地教育改革发展的重要导向和推进作用,教育发展目标监测指标体系的研发与构成应涵盖区域性的教育特色指标,体现各地教育现代化实践探索和改革试验取得的成就与经验,反映各地教育改革发展的实际问题和原因,引导各地区采取有针对性的对策举措,有效破解教育的热点、重点和难点问题;同时关注人民群众追求美好生活的教育新需求、新诉求,为各地不断提高教育基本公共服务水平和努力供给高质量的教育提供信息支撑。此外,鉴于目前教育数据信息的可获得程度、可比较程度以及监测指标的多样性和监测内容的复杂性等实际情况,还需要在构建多样化的监测指标体系的基础上,借鉴和吸收国际国内、教育内外部等多方面监测体系的长处和优点,在选择一批客观、可直接比较的数量监测点指标的同时,科学设计一批主观、相对可比较的监测点指标,从而能够以多样化的视角反映教育发展目标以及任务的推进和落实情况。

二、指标体系及构成

按照上述"人体型结构"监测内容体系,在国内外教育监测评估理论指导以及国际比较基础上,结合北京、上海、江苏、浙江、广东等地以及部分城市在推进教育现代化监测评价中使用的部分指标或设计指标的思路与方法,从满足需求、服务发展、科学可行、创新引领角度出发,形成一套具有时代特征、中国特色、世界水平的教育2030目标监测指标体系。

表4-1 教育2030目标监测指标体系

一级指标		二级指标	指标内涵及重要监测内容
1. 学习者全面发展(23.8)	1	德育基础能力(20)	中小学学生品德行为指数;义务教育德育状况监测水平;普通高校专职思想政治理论课教师、专职辅导员及心理健康教师师生比;大中小学校开设心理健康教育课程和进行心理咨询实践的比例
	2	智育水平(20)	中小学学生学习动力指数;义务教育语文、数学、科学学习质量监测水平
	3	体育素养(20)	体育素养指数(大中小学学生体质健康优良率);中小学学生视力合格率
	4	艺术修养(20)	中小学校艺术特色项目("一校一品""一校多品")拥有率;义务教育音乐、美术学习质量监测水平
	5	劳动素养(20)	大中小学生劳动意识;大中小学生劳动技能水平
2. 学校育人环境(20.7)	6	课程建设与教学能力(35.0)	中小学校长课程领导力;实践性教学课时占总课时50%以上职业院校比例;每万大学生拥有国家级一流课程数及一流专业建设点数;高等职业院校"双高"学校及专业数;普通高校"双一流"学科(方向)数
	7	师资队伍建设水平(40.0)	大中小学教师师德师风水平;中小幼学校(教育)师生比;学前教育教师接受专业教育比例;义务教育阶段学校本科及以上学历教师比例;中高等职业院校"双师型"教师比例
	8	条件与环境建设成效(25.0)	大中小学校"三通两平台"及"数字校园"覆盖比例;大中小学校教育信息化应用水平;中小学校班额达标率;义务教育阶段学生学业负担程度
3. 现代教育体系(17.8)	9	教育普及融通程度(35.0)	学前教育毛入园率;义务教育巩固率;高中阶段教育毛入学率;融合教育资源覆盖率;每十万人口在校大学生数/研究生数;中高职学生升入高一级学校的生源质量;校企合作(师生实习实训要求达成)水平指数
	10	教育服务多元供给能力(31.3)	老年教育参与程度;非全日制学历教育毕业生比例;从业人员终身职业技能培训参与程度;学分银行覆盖率
	11	公共教育服务均等程度(33.7)	公办园(普惠性幼儿园)在园幼儿占比;域内义务教育优质均衡发展水平及通过国家认定县(市、区)的比例;残疾儿童接受15年教育的比例;进城务工人员随迁子女就读公办学校(含政府购买服务的民办学校)比例

续表

一级指标	二级指标	指标内涵及重要监测内容
4. 教育治理水平(13.7)	12 教育治理体系与效能(51.2)	政府依法治教水平；学校内部治理水平；社会参与治理程度
	13 教育经费保障水平(48.8)	中小学教师工资收入水平；一般公共预算教育支出；大中小学校及幼儿园生均一般公共预算教育支出
5. 教育贡献度(14.3)	14 人才培养适应性(23.7)	人才培养对产业优化升级和经济社会发展的适应性；普通高校学科、技能竞赛成绩
	15 创新与服务基础能力(23.8)	国家级教学成果奖获奖数；高校科技创新基础能力；高校服务社会经济发展的能力；教育链、人才链、产业链及创新链有机衔接程度；高校对前沿科技、核心科技、关键技术等方面的贡献度；教育对国际人才和企业的综合服务水平
	16 劳动年龄人口受教育水平(32.5)	新增劳动年龄人口中受过高中及以上教育比例及平均受教育年限；劳动年龄人口平均受教育年限；具有科学素养的公众比例
	17 教育满意度(20.0)	社会公众的教育满意度
6. 教育影响力(9.8)	18 留学生教育水平(31.2)	普通高校外国留学生中接受学历教育的比例
	19 教育国际交流合作程度(33.8)	具有境外及中外合作办学机构(项目)学习经历的大学生比例；普通高校具有海外工作学习一年以上经历的专任教师比例
	20 区域教育协同发展水平(35.0)	中小学优质课程资源共享覆盖率；大中小学校教师及管理人员交流人次；区域职业教育一体化协同发展平台建设成效；区域创新共同体建设的高校参与水平

（一）学习者全面发展

与以往教育监测重点关注工作开展相比，本书构建了我国推进2030教育目标监测，试图直接反映学生的成长和收获，努力回答培养什么样的人、怎样培养人和为谁培养人的问题。习近平总书记在全国教育大会上提出要努力构建德智体美劳全面培养的教育体系。在战略层面，《中国教育现代化2035》强调"大力发展素质教育，促进德育、智育、体育、美育和劳动教育有机融合，全面提升学生意志品质、思维能力、创新精神等综合素质，提高身心健康发展水平，培育担当民族复兴大任的时代新人"。在法律层面，新修订的《中华人民共和国教育法》完善了教育方针，明确"培养德智体美劳全面发展的社会主义建设者和接班人"。因此，把促进学习者全面发展纳入我国推进教育2030目标监测体系，并摆在监测首位是时代所需。"学习者全面发展"，包含反映学生德智体美劳"五育并举"和全面发展的五个二级指标。

表4-2 德育基础能力

1	指标简述	指大中小学德育基础能力与成效，包括中小学学生品德行为指数，义务教育德育状况监测水平，普通高校专职思想政治理论课教师、专职辅导员及心理健康教师师生比，大中小学校开设心理健康教育课程和进行心理咨询实践的比例等四个监测点
2	计算公式/问卷	1. 以中小学学生品德行为指数为调查数据，含中等职业学校学生； 2. 义务教育德育状况监测水平：中小学学生理想信念和价值观状况＝有人生榜样且国家认同度高和较高的学生数/四年级＋八年级学生数×100%； 3. 普通高校专职思想政治理论课教师、专职辅导员及心理健康教师师生比＝普通高校专职思想政治理论课教师人数＋专职辅导员人数及心理健康教师人数/普通高校在校学生人数×100%； 4. 大中小学校开设心理健康教育课程和进行心理咨询实践的比例＝开设心理健康教育课程和进行心理咨询实践的大中小学校数/大中小学校总数×100%
3	指标功能	1. 监测德育工作及其成效； 2. 比较各地区教育现代化； 3. 引导各地不断提升大中小学德育基础能力水平与育人成效
4	适用范围	大中小学校
5	选择理由	1. 《中国教育现代化2035》《加快推进教育现代化实施方案(2018—2022)》《国家中长期教育改革和发展规划纲要(2010—2020年)》《国家教育事业发展"十三五"规划》《关于深化教育体制机制改革的意见》； 2. 《新时代爱国主义教育实施纲要》《新时代公民道德建设实施纲要》《关于培育和践行社会主义核心价值观的意见》《中小学德育工作指南》《中小学心理健康教育指导纲要》《关于加强心理健康服务的指导意见》《义务教育学校管理标准》《高校思想政治工作质量提升工程实施纲要》《普通高等学校健康教育指导纲要》《高等学校学生心理健康教育指导纲要》《普通高校思想政治理论课建设体系创新计划》《高等学校课程思政建设指导纲要》《普通高等学校辅导员队伍建设规定》《关于深化新时代思想政治理论课改革创新的若干意见》《关于加快构建高校思想政治工作体系的意见》《新时代高等学校思想政治理论课教师队伍建设规定》《关于加强新时代中小学思想政治理论课教师队伍建设的意见》； 3. 国家及各省市《教育现代化2035》
6	数据来源/调查对象	各地教育数据、国家义务教育质量监测结果及抽样调查

表4-3 智育水平

1	指标简述	包含学生学习动力指数以及义务教育语文、数学、科学学习质量监测水平两个监测点
2	计算公式/问卷	1. 中小学学生学习动力指数通过问卷调查获得； 2. 义务教育语文、数学、科学学习质量监测水平采用国家义务教育质量监测结果 学生语文学业水平＝语文学业表现分别达到优秀、良好水平段的学生数/学生总数×100% 学生数学学业水平＝数学学业表现分别达到优秀、良好水平段的学生数/学生总数×100% 学生科学学业水平＝科学学业表现分别达到优秀、良好水平段的学生数/学生总数×100%
3	指标功能	1. 监测学校智育成效； 2. 比较各地教育现代化； 3. 引导各地不断提升中小学生智育水平； 4. 在全国范围内比较各地在学生学业水平上的优势和弱势

续表

4	适用范围	义务教育学校
5	选择理由	1.《中国教育现代化2035》《加快推进教育现代化实施方案(2018—2022)》《国家中长期教育改革和发展规划纲要(2010—2020年)》《国家教育事业发展"十三五"规划》《中共中央国务院关于深化教育教学改革全面提高义务教育质量的意见》； 2. 国家及各省市《教育现代化2035》； 3.《中国学生发展核心素养》《普通高中课程方案和语文等学科课程标准(2017年版)》《教育小学科学课程标准(2017年版)》《义务教育语文课程标准(2011年版)》《义务教育数学课程标准(2011年版)》《义务教育物理课程标准(2011年版)》《义务教育化学课程标准(2011年版)》《义务教育生物课程标准(2011年版)》
6	数据来源/调查对象	国家义务教育质量监测结果及抽样调查

表4-4 体育素养

1	指标简述	指学生体育素养发展水平,包括体育素养指数(大中小学学生体质健康优良率)和中小学学生视力合格率两个监测点
2	计算公式/问卷	1. 体育素养指数通过学生问卷调查和标准测试获得,大中小学学生体质健康优良率 = 各学段国家学生体质健康等级为优秀和良好的学生数之和/各学段学生总数×100%； 2. 中小学学生视力合格率 = 各学段视力合格学生数/各学段学生总数×100%
3	指标功能	1. 监测体育工作及其成效； 2. 引导各地不断提升学生体育素养发展水平
4	适用范围	大中小学校
5	选择理由	1.《中国教育现代化2035》《"健康中国2030"规划纲要》《加快推进教育现代化实施方案(2018—2022)》《国家教育事业发展"十三五"规划》《中共中央国务院关于加强青少年体育增强青少年体质的意见》《国务院办公厅关于强化学校体育促进学生身心健康全面发展的意见》《义务教育学校管理标准》《体育传统项目学校管理办法》《国务院关于实施健康中国行动的意见》《综合防控儿童青少年近视实施方案》； 2. 国家及各省市《教育现代化2035》； 3. 不同省份"十四五"教育发展规划及相关文件
6	数据来源/调查对象	各地教育统计数据

表4-5 艺术修养

1	指标简述	指学生在音乐、美术等艺术方面的能力和素养水平,包括中小学校艺术特色项目("一校一品""一校多品")拥有率和义务教育音乐、美术学习质量监测水平两个监测点
2	计算公式/问卷	1. 中小学校艺术特色项目("一校一品""一校多品")拥有率 = 各学段拥有艺术特色项目的学校数/各学段学校总数×100%； 2. 义务教育音乐、美术学习质量监测水平 学生音乐学业水平 = 科学学业表现分别达到优秀、良好水平段的学生数/学生总数×100% 学生美术学业水平 = 科学学业表现分别达到优秀、良好水平段的学生数/学生总数×100%

续表

3	指标功能	1. 监测美育工作及其成效； 2. 引导各地不断提升大中小学美育基础能力水平
4	适用范围	中小学校
5	选择理由	1.《中国教育现代化 2035》《加快推进教育现代化实施方案(2018—2022)》《学校艺术教育工作规程》《义务教育学校管理标准》《教育部关于进一步加强中小学艺术教育的意见》《教育部关于加强和改进中小学艺术教育活动的意见》《教育部关于推进学校艺术教育发展的若干意见》《国务院办公厅关于全面加强和改进学校美育工作的意见》； 2. 国家及各省市《教育现代化 2035》； 3. 不同省份"十四五"教育发展规划及相关政策文件
6	数据来源/调查对象	各地教育统计数据、国家义务教育质量监测结果

表 4-6 劳动素养

1	指标简述	指学生接受劳动教育的成效，包括大中小学生劳动意识和大中小学生劳动技能水平两个监测点
2	计算公式/问卷	需要通过问卷调查获得数据
3	指标功能	1. 监测学校的劳动教育工作及其成效； 2. 引导各地不断提升大中小学劳动教育成效
4	适用范围	大中小学校
5	选择理由	1.《中国教育现代化 2035》《加快推进教育现代化实施方案(2018—2022)》《国家中长期教育改革和发展规划纲要(2010—2020 年)》《国家教育事业发展"十三五"规划》《中共中央国务院关于深化教育教学改革全面提高义务教育质量的意见》； 2.《关于培育和践行社会主义核心价值观的意见》《中小学德育工作指南》《义务教育学校管理标准》《中小学德育工作指南》； 3. 国家及各省市《教育现代化 2035》； 4. 不同省份"十四五"教育发展规划及相关政策文件
6	数据来源/调查对象	抽样调查

（二）学校育人环境

学校育人环境，是促进学习者全面发展的重要载体。根据立德树人和教育高质量发展任务，学校发展的重点正在由注重规模扩张向更加关注内涵转变，在注重硬件条件建设的基础上，更加依靠课程教学、师资队伍等软资源的有力保障。

"学校育人环境"，包含课程建设与教学能力、师资队伍建设水平和条件与环境建设三个二级指标，涉及的监测点既有一般性的办学基本要求，又有高质量优质教育方面的引领性目标要求，如各级教育教师队伍建设方面的指标，集中反映现代化学校的育人能力和环境建设水平。

表4-7 课程建设与教学能力

1	指标简述	该指标的主要内容包括中小学校长课程领导力、实践性教学课时占总课时50%以上的职业院校比例、每万名大学生拥有国家级一流课程数及一流专业建设点数、高等职业院校"双高"学校及专业数、普通高校"双一流"学科(方向)数五个监测点
2	计算公式/问卷	1. 中小学校长课程领导力采用问卷调查; 2. 实践性教学课时占总课时50%以上的职业院校比例=实践性教学课时占总课时50%以上的中等职业学校和高等职业院校数/中等职业学校和高等职业院校总数×100%; 3. 每万名大学生拥有国家级一流课程数=各地普通高校拥有国家级一流课程数/普通高校学生总数×10000,各地普通高校拥有国家级一流专业建设点数/普通高校学生总数×10000; 4. 高等职业院校"双高"学校及专业数=教育部、财政部认定的中国特色高水平高职学校和专业(群)数; 5. 普通高校"双一流"学科(方向)数=结合国家公布的"双一流"学科和国际机构学科排名综合确定的一流学科(方向)数
3	指标功能	1. 监测大中小学校课程建设与教学能力状况; 2. 引导各地不断提升课程建设与教学能力; 3. 引导各地加强高校学科、专业建设
4	适用范围	大中小学校
5	选择理由	1.《中国教育现代化2035》《加快推进教育现代化实施方案(2018—2022)》《国家中长期教育改革与发展纲要(2010—2020年)》; 2.《国务院办公厅关于新时代推进普通高中育人方式改革的指导意见》《关于学前教育深化改革规范发展的若干意见》《关于深化教育教学改革全面提高义务教育质量的意见》《国务院办公厅关于深化高等学校创新创业教育改革的实施意见》《国家职业教育改革实施方案》; 3.《教育部财政部关于实施中国特色高水平高职学校和专业建设计划的意见》《统筹推进世界一流大学和一流学科建设总体方案》《统筹推进世界一流大学和一流学科建设实施办法(暂行)》; 4. 国家及各省市《教育现代化2035》
6	数据来源/调查对象	国家及各地教育统计数据、抽样调查

表4-8 师资队伍建设水平

1	指标简述	指大中小学师资队伍建设能力与成效,包括大中小学教师师德师风水平、中小幼学校(教育)师生比、学前教育教师接受专业教育比例、义务教育阶段学校本科及以上学历教师比例、中高等职业院校"双师型"教师比例五个监测点
2	计算公式/问卷	1. 大中小学教师师德师风水平采用问卷调查; 2. 中小学校生师比=中小学校在校生数/中小学校教师(教职工)数; 3. 学前教育教师接受专业教育比例=接受专业教育的学前教育教师人数/学前教育教师总数×100%; 4. 义务教育阶段学校本科及以上学历教师比例=义务教育具有本科以上学历的专任教师数/义务教育专任教师总数×100%; 5. 中高等职业院校"双师型"教师比例=中职、高职院校同时具备教师、行业能力资格从事职业教育工作的教师/专任教师×100%

续表

3	指标功能	1. 监测师资队伍建设水平； 2. 比较区域的教育现代化水平； 3. 引导各地不断提升大中小学师资队伍建设能力
4	适用范围	大中小学校
5	选择理由	1.《中国教育现代化2035》《加快推进教育现代化实施方案(2018—2022)》《幼儿园教职工配备标准(暂行)》，中共中央办公厅、国务院办公厅《关于深化教育体制机制改革的意见》，中共中央、国务院《关于全面深化新时代教师队伍建设改革的意见》，国务院《关于加快发展现代职业教育的决定》《关于学前教育深化改革规范发展的若干意见》； 2. 国家及各省市《教育现代化2035》
6	数据来源/调查对象	国家及各地教育统计数据、抽样调查

表4-9 条件与环境建设

1	指标简述	指师生在学校生活、学习、工作的各项条件与环境，包括大中小学校"三通两平台"及"数字校园"覆盖比例、大中小学校教育信息化应用水平、中小学校班额达标率、义务教育阶段学生学业负担程度四个监测点
2	计算公式/问卷	1. 大中小学校"三通两平台"及"数字校园"覆盖比例＝"三通两平台"覆盖学校数/学校总数×100%；建成"数字校园"的学校数/学校总数×100%； 2. 大中小学校教育信息化应用水平＝问卷调查分数/问卷总分×100%； 3. 提供课后服务的义务教育阶段学校(分小学和初中统计)比例＝提供课后服务的义务教育阶段学校数/义务阶段学校总数×100%； 4. 义务教育阶段学生学业负担程度＝问卷调查分数/问卷总分×100%
3	指标功能	1. 监测条件与环境建设成效； 2. 比较各地的教育现代化发展水平； 3. 引导各地教育不断加大对教育条件保障的投入、提升环境建设成效
4	适用范围	大中小学校
5	选择理由	1.《中国教育现代化2035》《加快推进教育现代化实施方案(2018—2022)》《国家中长期教育改革和发展规划纲要(2010—2020年)》《中小学生减负措施的通知》《关于做好中小学生课后服务工作的指导意见》《教育信息化2.0行动计划》《教育信息化"十三五"规划》《教育事业发展"十三五"规划》； 2. 国家及各省市《教育现代化2035》
6	数据来源/调查对象	各地教育数据、国家义务教育质量监测结果、抽样调查

(三) 现代教育体系

"现代教育体系"，包括教育普及融通程度、教育服务多元供给能力和公共教育服务均等程度三个二级指标。具体监测点聚焦各级教育的普及和相互融通程度、教育资源的多途径供给和教育公平的推进程度，主动回应现代教育体系建设的重点和当前的关注热点问题。

表 4-10　教育普及融通程度

1	指标简述	包括学前教育毛入园率、义务教育巩固率、高中阶段教育毛入学率、融合教育资源覆盖率、每十万人口在校大学生数/研究生数、中高职学生升入高一级学校的生源质量、校企合作(师生实习实训要求达成)水平指数七个监测点
2	计算公式/问卷	1. 学前教育毛入园率＝学前教育在园(班)幼儿总数/3—5 岁年龄组人口数(个别地区为 4—6 岁年龄组人口数)×100%； 2. 义务教育巩固率＝初中毕业班学生数/该年级入小学一年级时学生数×100%； 3. 高中阶段教育毛入学率(%)＝高中阶段在校生总数/15—17 岁年龄组人口数×100%； 4. 融合教育资源覆盖率＝(开展随班就读工作的普通中小学校)设置特殊教育资源教室的普通中小学校数/(招收 5 人以上残疾学生的)普通中小学校总数×100%； 5. 每十万人口在校大学生数/研究生数＝高等教育在校生总数/当年人口总数×100 000；高等教育研究生总数/当年人口总数×100 000； 6. 中高职学生升入高一级学校的生源质量为调查数据； 7. 校企合作(师生实习实训要求达成)水平指数：学生顶岗实习达到 6 个月及以上的职业院校比例＝学生顶岗实习整体达到 6 个月及以上的中等职业学校和高等职业院校数/中等职业学校和高等职业院校总数×100%；专业课教师每年在企业或实训基地实训至少 1 个月的职业院校比例＝专业课教师每年在企业或实训基地实训至少 1 个月的中等职业学校和高等职业院校数/中等职业学校和高等职业院校总数×100%；校企"双元"合作开发的国家规划教材及新型活页式、工作手册式教材占职业院校专业课教材的比例＝中等职业学校和高等职业院校中校企"双元"合作开发的国家规划教材及新型活页式、工作手册式教材数/中等职业学校和高等职业院校专业课教材总数×100%
3	指标功能	1. 监测各省市各级教育普及水平及普通教育与职业教育之间的融通程度； 2. 比较各省市教育现代化； 3. 引导各地不断提升各级教育普及水平，促进普通教育与职业教育之间实现更通畅的衔接
4	适用范围	大中小学校及幼儿园
5	选择理由	1. 《中国教育现代化 2035》《加快推进教育现代化实施方案(2018—2022)》《国家职业教育改革实施方案》《国务院办公厅关于新时代推进普通高中育人方式改革的指导意见》《关于学前教育深化改革规范发展的若干意见》《关于深化教育教学改革全面提高义务教育质量的意见》； 2. 2016 年教育部办公厅关于印发《普通学校特殊教育资源教室建设指南》的通知； 3. 国家及各省市《教育现代化 2035》
6	数据来源/调查对象	国家及各地教育数据、全国及各地教育事业发展报告，抽样调查

表 4-11　教育服务多元供给能力

1	指标简述	教育向各类学习者提供教育服务的供给水平和多样化水平，包括老年教育参与程度、非全日制学历教育毕业生比例、从业人员终身职业技能培训参与程度、学分银行覆盖率四个监测点
2	计算公式/问卷	1. 老年教育参与程度＝参加老年学校学习和多种形式经常性参与教育活动的老年人数量占老年人口总数比例；建有老年文化活动场所社区(村)数/社区(村)总数×100%； 2. 非全日制学历教育毕业生比例＝(自学考试本、专科＋成人高考本、专科＋远程教育本专科)毕业生/当年高等学历教育毕业生总数×100%； 3. 从业人员终身职业技能培训参与程度＝职业技能培训规模/从业人员人数； 4. 学分银行覆盖率＝成人学校社会培训成果存入学分银行的比例[登录学分银行的人数/(常住人口人数－各级教育在校生数)×100%]

3	指标功能	1. 监测各省市反映教育体系开放度、学习型社会、终身学习社会建设成效； 2. 比较各省市的教育现代化； 3. 进行国际比较
4	适用范围	老年大学、普通高校及非学历机构
5	选择理由	1. 《加快推进教育现代化实施方案（2018—2022）》《关于推行终身职业技能培训制度的意见》； 2. 《世界公众科学素质组织章程》； 3. 国家及各省市《教育现代化 2035》《上海市高等教育促进条例》《上海终身教育条例》； 4. 国家及各省市《教育现代化 2035》
6	数据来源/调查对象	全国及各地教育统计数据

表 4-12 公共教育服务均等程度

1	指标简述	政府在教育领域提供的与全体人民群众最关心、最直接、最现实的切身利益密切相关的基础性公共教育服务，是实现人的终身发展的前提和基础，包括公办园（普惠性幼儿园）在园幼儿比例、域内义务教育优质均衡发展水平及通过国家认定县（市、区）的比例、残疾儿童接受 15 年教育的比例和进城务工人员随迁子女就读公办学校（含政府购买服务的民办学校）比例四个监测点
2	计算公式/问卷	1. 公办园（普惠性幼儿园）在园幼儿比例 = 公办幼儿园在园幼儿数/在园幼儿总数 × 100%；（公办幼儿园在园幼儿数 + 普惠性民办幼儿园在园幼儿数）/在园幼儿总数 × 100%； 2. 域内义务教育优质均衡发展水平及通过国家认定县（市、区）的比例 = 通过义务教育优质均衡发展区验收的县（市、区）数量/域内所有县（市、区）数量 × 100%； 3. 残疾儿童接受 15 年教育的比例（分残疾儿童义务教育阶段入学率和残疾儿童高中阶段教育入学率统计）= 残疾儿童 15 年教育阶段在学人数/15 年教育阶段残疾儿童总数 × 100%； 4. 进城务工人员随迁子女就读公办学校（含政府购买服务的民办学校）比例 = 适龄进城务工人员随迁子女就读公办学校（含政府购买服务的民办学校）学生数/适龄进城务工人员随迁子女总数 × 100%
3	指标功能	1. 监测各省市公共教育服务均等程度； 2. 比较各省市的教育现代化； 3. 引导各地不断提升公共教育服务均等程度； 4. 国家及各省市《教育现代化 2035》
4	适用范围	中小学校及幼儿园
5	选择理由	1. 《中国教育现代化 2035》《加快推进教育现代化实施方案（2018—2022）》《国家教育事业发展"十三五"规划》《关于鼓励社会力量兴办教育促进民办教育健康发展的若干意见》《关于实施第三期学前教育行动计划的意见》《国务院关于深入推进义务教育均衡发展的意见》《国务院关于统筹推进县域内城乡义务教育一体化改革发展的若干意见》《县域义务教育优质均衡发展督导评估办法》《特殊教育提升计划》《关于进一步做好进城务工就业农民子女义务教育工作的意见》《关于做好进城务工人员随迁子女接受义务教育后在当地参加升学考试工作的意见》《关于学前教育深化改革规范发展的若干意见》； 2. 国家及各省市《教育现代化 2035》
6	数据来源/调查对象	各地教育数据、全国教育事业发展报告

(四) 教育治理水平

"教育治理水平"方面,包括教育治理体系与效能和教育经费保障水平两个方面的二级指标。其涉及的监测点,既有面向政府的"放管服"成效、现代学校制度建设和教育治理的多元参与方面的内容,又特别关注教育资源投入和使用这项关键保障要素。

表4-13 教育治理体系与效能

1	指标简述	包括政府依法治教水平、学校内部治理水平和社会参与治理程度三个监测点
2	计算公式/问卷	通过问卷调查获取数据
3	指标功能	1. 监测各省市的教育治理体系建设成效; 2. 比较各省市的教育现代化发展水平; 3. 引导各地不断改善教育治理体系与建设成效
4	适用范围	大中小学校及幼儿园
5	选择理由	1.《中国教育现代化2035》《加快推进教育现代化实施方案(2018—2022)》《国家中长期教育改革发展规划纲要(2010—2020年)》《中共中央关于全面深化改革若干重大问题的决定》《中共中央关于全面推进依法治国若干重大问题的决定》《国家教育事业发展"十三五"规划》《教育部关于深入推进教育管办评分离促进政府职能转变的若干意见》《教育部等五部门关于深化高等教育领域简政放权放管结合优化服务改革的若干意见》《教育部关于加强依法治校工作的若干意见》; 2. 国家及各省市《教育现代化2035》
6	数据来源/调查对象	各地教育数据、抽样调查

表4-14 教育经费保障水平

1	指标简述	指一般公共预算教育经费年增长情况,包括中小学教师工资收入水平、一般公共预算教育支出和大中小学校及幼儿园生均一般公共预算教育支出三个监测点
2	计算公式/问卷	1. 中小学教师工资收入水平=中小学教师平均工资收入(与当地公务员平均工资收入比较); 2. 一般公共预算教育支出(与上一年一般公共预算教育支出比较); 3. 大中小学校及幼儿园生均一般公共预算教育支出(与上一年各级教育生均一般公共预算教育支出比较)
3	指标功能	1. 监测各省市公共财政对教育事业的投入水平和力度; 2. 比较各省市的教育现代化; 3. 引导各地不断提升公共财政对教育事业的投入水平和力度; 4. 进行国际比较
4	适用范围	大中小学校及幼儿园
5	选择理由	1.《中国教育现代化2035》《加快推进教育现代化实施方案(2018—2022)》《依法治教实施纲要(2016—2020年)》《关于深化教育体制机制改革的意见》《2030年教育行动框架》; 2. 国家及各省市《教育现代化2035》
6	数据来源/调查对象	国家教育经费统计数据(中小学教师工资收入水平无法从教育经费统计数据中直接获取)

(五) 教育贡献度

"教育贡献度"包括人才培养适应性、创新与服务能力、劳动年龄人口受教育水平和教育满意度四个二级指标。监测点集中反映教育在人才供给、人力资源开发、科技创新与服务以及教育满意度等方面的主要贡献,更加关注教育服务水平、支撑能力、满意程度和贡献度,旨在体现新时代教育走向经济社会舞台中央的新变化。

表4-15 人才培养适应性

1	指标简述	指普通高校人才培养成效与适应性成效,包括人才培养对产业优化升级和经济社会发展的适应性以及普通高校学科、技能竞赛成绩两个监测点
2	计算公式/问卷	1. 人才培养对产业优化升级和经济社会发展的适应性=(毕业生对所毕业普通高校的满意度+用人单位对毕业生的满意度)/2; 2. 普通高校学科、技能竞赛成绩=入围前100的高校所占比例(本科高校入围数/100×100%)×50%+高职院校学科竞赛百强入围数占比(高职入围数/100×100%)×50%;
3	指标功能	1. 监测各省市高校人才培养质量成效; 2. 比较各省市教育现代化; 3. 引导各地不断提升高校人才培养质量成效
4	适用范围	高校
5	选择理由	1.《中国教育现代化2035》《加快推进教育现代化实施方案(2018—2022)》《关于深化教育体制机制改革的意见》; 2. 国家及各省市《教育现代化2035》
6	数据来源/调查对象	高校就业质量报告;教育事业统计;中国高教学会

表4-16 创新与服务能力

1	指标简述	包括国家级教学成果奖获奖数;高校科技创新基础能力;高校服务社会经济发展的能力;教育链、人才链、产业链及创新链有机衔接程度;高校对前沿科技、核心科技、关键技术等方面的贡献度;教育对国际人才和企业的综合服务水平六个监测点
2	计算公式/问卷	1. 国家级教学成果奖获奖数(占全国的比例); 2. 高校科技创新基础能力(国家级实验室、工程中心、大学科技园、新型智库等数量及占全国的比例); 3. 普通高校服务社会经济发展的能力(以转让、许可、作价入股方式转化科技成果的合同金额及占全国高校的比例、技术合同交易额、横向项目到账经费占年度经费的比例); 4. 教育链、人才链、产业链及创新链有机衔接程度; 5. 高校对前沿科技、核心科技、关键技术等方面的贡献度; 6. 教育对国际人才和企业的综合服务水平
3	指标功能	1. 监测各省市高校的创新与服务能力; 2. 引导各地不断提高高校的创新服务能力
4	适用范围	高校

5	选择理由	1. 《中国教育现代化2035》《加快推进教育现代化实施方案(2018—2022)》《国家中长期教育改革和发展规划纲要(2010—2020年)》《国家教育事业发展"十三五"规划》《关于深化教育体制机制改革的意见》《教育部关于一流本科课程建设的实施意见》； 2. 《国务院办公厅关于深化高等学校创新创业教育改革的实施意见》； 3. 国家及各省市《教育现代化2035》； 4. 教育部等7部委《关于建设长江创新带的实施意见》
6	数据来源/调查对象	国家及各地教育及相关统计数据,抽样调查

表4-17 劳动年龄人口受教育水平

1	指标简述	指劳动年龄人口受教育程度,包含新增劳动年龄人口中受过高中及以上教育比例及平均受教育年限、劳动年龄人口平均受教育年限和具有科学素养的公众比例三个监测点
2	计算公式/问卷	1. 新增劳动年龄人口中受过高中及以上教育比例 = 新增劳动力中接受过高中阶段及以上教育人数/新增劳动力人口总数×100%,新增劳动年龄人口平均受教育年限 = 统计范围内各年龄段新增劳动人口的平均受教育年限； 2. 劳动年龄人口平均受教育年限 = 16—59岁劳动力人口每个人接受学历教育年限之和/16—59岁劳动力人口总数； 3. 具有科学素养的公众比例 = 18—69岁公民中具有科学素养的人数/18—69岁公民总数×100%
3	指标功能	1. 监测各省市人力资源水平； 2. 比较各省市的人力资源及教育现代化水平； 3. 引导各地不断提升人力资源水平； 4. 开展国际比较
4	适用范围	大中小学校、幼儿园及相关教育机构
5	选择理由	1. 《中国教育现代化2035》、《加快推进教育现代化实施方案(2018—2022)》、人力资源强国战略、党的十九大报告； 2. OECD等国际组织的监测数据； 3. 国家及各省市《教育现代化2035》
6	数据来源/调查对象	人口统计、全国及各地教育统计数据

表4-18 教育满意度

1	指标简述	教育满意度通过收集城乡居民、教师、学生等群体对当前教育工作的主观态度与评价,以反映社会公众对当前教育工作的满意程度,包含教育满意度一个监测点
2	计算公式/问卷	1. 社会公众的教育满意度 = (各类群体满意度×权重)之和
3	指标功能	1. 监测各省市社会公众对教育的满意度； 2. 各省市教育现代化发展水平； 3. 引导各地不断加强教育保障、改善教育现状,提升社会公众对教育的满意度
4	适用范围	大中小学校

续表

5	选择理由	1. 《中国教育现代化 2035》《加快推进教育现代化实施方案(2018—2022)》《教育部关于印发县域义务教育优质均衡发展督导评估办法的通知》《国务院办公厅关于印发对省级人民政府履行教育职责的评价办法的通知》； 2. 国家及各省市《教育现代化 2035》
6	数据来源/调查对象	抽样调查

（六）教育影响力

"教育影响力"包括留学生教育水平、教育国际交流合作程度和区域教育协作发展三个二级指标。监测点主要反映留学生的数量结构、师生和学校国际交流合作水平以及相关教育实践经验，考察人、资源等教育要素流动及共建共享的程度和水平，这是新时代我国教育发展的新标识。

表 4-19　留学生教育水平

1	指标简述	指学生接受学历教育的总体水平，包括普通高校来华留学生中接受学历教育的比例一个监测点
2	计算公式/问卷	普通高校国外留学生中接受学历教育的比例＝普通高校中接受学历教育的国际留学生数/普通高校国际留学生总数×100%
3	指标功能	1. 监测各省市的国际化水平和对外开放水平； 2. 比较各省市的教育现代化水平； 3. 引导各地不断提升留学生教育水平
4	适用范围	高校
5	选择理由	1. 《中国教育现代化 2035》《加快推进教育现代化实施方案(2018—2022)》《关于深化教育体制机制改革的意见》； 2. 各地教育规划文件，例如《上海市教育改革和发展"十三五"规划》、《上海教育对外开放"十三五"发展规划》、《江苏省"十三五"教育发展规划》、浙江省《关于做好新时期教育对外开放工作的实施意见》； 3. 国家及各省市《教育现代化 2035》规划
6	数据来源/调查对象	全国及各地教育统计数据

表 4-20　教育国际交流合作程度

1	指标简述	指教育参与国际交流合作的总体水平，包括具有境外及中外合作办学机构（项目）学习经历的大学生比例、普通高校具有海外工作学习一年以上经历的专任教师比例两个监测点
2	计算公式/问卷	1. 具有境外及中外合作办学机构（项目）学习经历的大学生比例＝具有境外及中外合作办学机构（项目）学习经历的大学生/大学生总量×100%； 2. 普通高校具有海外工作学习一年以上经历的专任教师比例＝高校具有海外工作学习一年以上经历专任教师数量/专任教师总量×100%

续表

3	指标功能	1. 监测各省市国际化水平和对外开放水平； 2. 比较各省市的教育现代化水平； 3. 引导各地不断提升教育国际交流合作水平
4	适用范围	高校
5	选择理由	1.《中国教育现代化2035》《加快推进教育现代化实施方案(2018—2022)》《关于深化教育体制机制改革的意见》； 2. 国家及各省市相关政策文件，例如《教育现代化2035》《上海市教育改革和发展"十三五"规划》《上海教育对外开放"十三五"发展规划》《江苏省"十三五"教育发展规划》、浙江省《关于做好新时期教育对外开放工作的实施意见》
6	数据来源/调查对象	全国及各地教育统计数据

在国家现代化建设发展大局中，区域占据着举足轻重的地位。实施区域协调发展战略是新时代国家重大战略之一，是贯彻新发展理念、建设现代化经济体系的重要组成部分。2018年《中共中央国务院关于建立更加有效的区域协调发展新机制的意见》印发，提出到2035年建立与基本实现现代化相适应的区域协调发展新机制。《中国教育现代化2035》把完善区域教育发展协作机制作为实施路径。随着我国深入实施区域重大战略，教育在服务和支撑区域发展中有着巨大的空间，尤其是围绕国家统筹布局的"四点一线一面"，大力推进区域教育创新试验，加快形成点线面结合、东中西呼应的新时代教育发展空间格局，是教育服务经济社会高质量发展的重要路径和标志。《教育部2022年工作要点》把"推动区域教育创新发展"单列一条，要求深化"四点一线一面"，强化统筹，提升区域办学水平和服务创新能力。因此，区域教育协同发展水平有必要被纳入指标体系并予以高度关注。

表4-21 区域教育协同发展水平

1	指标简述	指区域教育协作发展成效，包括中小学优质课程资源共享覆盖率、大中小学校教师及管理人员交流人次、区域职业教育一体化协同发展平台建设成效、区域创新共同体建设的高校参与水平四个监测点
2	计算公式/问卷	1. 中小学优质课程资源共享覆盖率＝参与区域共享优质课程的中小学学校数/中小学校总数×100%； 2. 大中小学校及幼儿园教师与管理人员交流人次为区域内各省份大中小学校及幼儿园教师和管理人员每年在非本省区域内挂职交流的人次总和； 3. 区域职业教育一体化协同发展平台建设成效； 4. 区域创新共同体建设的普通高校参与水平
3	指标功能	1. 监测区域教育协作成效； 2. 协作推进区域教育现代化； 3. 引导区域教育协作提升水平
4	适用范围	幼儿园、普通中小学、中职、普通高校、各级各类成人院校

续表

5	选择理由	《中国教育现代化2035》、《加快推进教育现代化实施方案(2018—2022)》、《长三角教育更高质量一体化发展三年行动计划》、国家及一市三省《教育现代化2035》、《关于印发国家产教融合建设试点实施方案的通知》,要求促进教育链、人才链与产业链、创新链有机衔接,推动高等学校和企业面向产业技术重大需求开展人才培养和协同创新,提高应用型人才的培养比重
6	数据来源/调查对象	行政数据、抽样调查

上述监测指标体系主要是对照发展目标监测模型理论框架进行的基础内容构建,其中部分非数量性指标需要通过问卷调查的方式获得数据信息,甚至需要通过面向多个调查对象、采取多项问题设计汇总后,才能获得比较完整的数据信息。另外,面向全国各地不同的教育发展水平、发展环境以及各地区之间的发展差距,用一套指标很难反映出各地各级各类教育的改革发展特色和发展亮点,也很难应对各地关注的重点。因此,在上述指标体系的基础上,应当通过特色、优势、重点、亮点总结以及提供专项报告、案例分析等其他途径,更加全面地反映各地教育现代化发展的成就、问题以及改革创新发展的特色和亮点。例如,在东部沿海发达地区和大城市,可以增加"双减"政策落实成效方面的指标以及促进区域协调发展、支援落后地区教育及其贡献等方面的指标;在中西部欠发达地区,可以增加教育促进农村振兴、帮助广大青年学子就业以及通过人力资源开发支撑产业发展和服务创新创业等方面的指标。在统一建立国家教育现代化监测评估框架下,对处于不同发展阶段的各地区给予自设一定数量指标的空间,既反映党和国家整体推进教育现代化的统一意志和总体要求,又能够体现各地教育现代化和推进重点领域加快改革创新发展的实际需要,使得面向2030目标的指标体系和监测方法研究及应用真正发挥解决我国各地教育现代化中长期发展中实际问题的现实作用。

第五章

监测方法与技术手段

我国教育 2030 目标监测指标体系(以下简称"指标体系")构建,要求结合国情对监测方法和技术手段进行相应的新探索。从联合国教科文组织的教育行动框架中提到的监测内容看,主要是聚焦一些领域、环节给出监测的重点、对象、方法、途径等方面的建议,希望各国从实际出发,结合本国的教育发展需要,研究形成可操作的指标体系和方法。这就要求我国聚焦实现国家教育现代化 2035 目标任务,着眼解决发展中的突出问题,开发和采用符合实际要求的先进的监测评估方法,实现方法和技术上的集成创新,通过对照发展目标的监测评估,形成支撑政府实施教育科学决策、服务教育行政部门和各级教育学校精准施策的结果和依据,为推进我国教育治理现代化作出贡献。

一、监测方法集成创新

教育发展关联众多领域,人才培养和教育教学内涵纷繁复杂,全国以及不同区域、地区的教育发展目标是否如期实现,抑或是某一时间点教育发展目标的实现程度如何,很难完全通过一组较长周期的统计数字或一套程序化的信息来反映,这一现象显然难以支撑和服务及时的决策并提供有效的对策。另外,教育发展目标监测指标体系"人体型结构"中六个方面主要内容的监测也不可能完全依靠长周期结构性数据的单独支撑。例如,对照教育发展目标监测某一区域或某一地方的学习者全面发展,就必然既要涉及学生在德智体美劳诸方面的收获和成长,又要涉及相关的制度、活动以及产生的成效和影响。其中,大中小学校的爱国主义教育状况、德育水平、学生的品德行为、理想信念、价值观状况以及大中小学生的心理健康教育和心理咨询服务状况等内容,很难通过长周期的结构性数据定量反映;某一区域或某一地方的体育素养监测也是如此,各地各级教育是否严格落实党和国家提出的"各地中小学校要按照国家课程方案和课程标准开足开好体育课程,严禁削减、挤占体育课时间""让学生熟练掌握一至两项运动技能,逐步形成'一校一品''一校多品'教学模式,努力提高体育教学质量""学校要将学生在校内开展的课外体育活动纳入教学计划,列入作息时间安排,与体育课教学内容相衔接,切实保证学生每天一小时校园体育活动落到实处"等一系列规定,各地各级教育落实的成效如何等一系列问题,都要求开发和设计一套能够动态、及时获得相关数据信息的指标体系和监测方法。

围绕教育监测的动态化,无论是多方面教育及相关数据信息的及时获得,还是监测诊断结果的快捷便利化呈现,都需要加快研究设计教育发展目标监测指标体系及监测方法的可视化展示系统,借助社会上专业机构的力量,充分运用国家经济社会和教育统计数据信息、权威可靠的第三方数据信息、大样本抽样调查数据信息、即时填报和动态采集的各地教育相关数据信息以及系统获得的国际机构教育相关数据信息,综合采用定量、定性、案例对照、实地检验、专家认证等多种监测方法,积极采用便利的信息化技术及运算手段,直观、便捷地展示国家层面、区域层面、省市层面的教育发展目标监测以及学校、师生群体监测的动态趋势变化特点,为教育决策者、教育行政部门、教育科研机构以及社会公众提供不同内容、不同方式的教育监测信息服务。为了推进教育2030目标监测体系建设,本书构建了描述总体的达成度模型和描述各省及区域相对位置和变化的指数模型,还构建了对基本监测点进行全面分析画像的监测点多维分析框架。这三种分析方法构成了监测评估的主要技术方法集合。

(一) 监测目标达成度模型

1. 目标达成度计算方法

各省市各类指标达成度,遵循如下两个计算步骤。

第一步,计算各监测点的目标达成度。

计算各监测点的目标达成度,首先是对监测目标值进行量化。根据"指标体系"对2025年乃至2030年确定的监测目标值,可约定为三类表达形式。

第一类目标值是定量的数值,比如学前教育教师接受专业教育比例需大于85%,此类目标值依据党中央、国务院、教育部及相关国家部委发布的关于加快推进教育现代化以及促进教育改革发展的重要文件精神和要求,以及法律和具有法律约束性的相关政策法规和规划要求设定,对应的是国家教育统计数据信息和一市三省教育行政部门填报数据信息。

第二类目标值表达为"优于/高于东部平均",或"达到/高于中高收入国家平均水平",比如义务教育德育状况监测水平需"优于东部平均",系体现区域率先发展的基础标志,此类目标值对应的是第三方教育相关数据信息。

第三类目标值表达为"优良水平",比如大中小幼教师师德师风水平应达到"优良水平",此类目标值对应的是大规模抽样调查数据信息。

在三类目标值中,前两类系以客观确定的目标为参照,经相关专家研讨,同时参照国际国内的通用做法并考虑推进我国各区域实现教育现代化的目标导向。本研究将"优良水平"解释为满意度超过85%即为达到优良水平。

各监测点的目标达成度即为该监测点2020年的年度值与"指标体系"设定的2025年乃至2030年的目标值之间的比值,如公式1-1所示。

$$D_J^{2020}=\frac{J_{2020}}{M_J^{2025}}\times 100\%\tag{1-1}$$

其中，J_{2020} 为监测点 J 在 2020 年的年度测量值，M_J^{2025} 为监测点 J 在 2025 年的目标值，D_J^{2020} 为监测点 J 在 2020 年的目标达成度。

为计算各监测点的目标达成度，首先需要对各监测点进行拆解。根据"指标体系"的解释，在所有可运行的监测点中，有如"学前教育毛入园率"这样性质单一的监测点，也有由两个及以上的子监测点组成的复合监测点或指标，如"中小幼学校师生比"等。为此，需将各监测点拆分至最基础一级的子监测点。比如，监测点"生均一般公共预算支出"就需拆分为"大中小幼各级各类学校的生均一般公共预算教育支出""基础教育阶段各级各类学校生均一般公共预算教育支出的城乡差距"和"基础教育阶段各级各类学校生均一般公共预算教育支出的区域差距"等 15 个子监测点。

此外，"指标体系"中包含正指标和逆指标，其中，反映区域差距的倍率和城乡差距的差值都属于逆指标。在对逆指标的处理中，需进行反向化处理。

$$J_i=\frac{1}{J_i'}(J_i>0)\tag{1-2}$$

其中，J_i' 表示逆指标的值，J_i 表示反向化处理后参与计算的指标值。

根据各子监测点的年度值和 2025 年乃至 2030 年的目标值，可以确定各子监测点的目标达成度。在计算过程中，某些指标上的达成度确已超过 100%。为避免超额达成的子监测点对未达成的子监测点造成的"掩盖"效应，需要将各子监测点的目标达成度的最大值设为 100%。

第二步，监测点的加权综合。

各省市的各类指标达成度，均由若干个监测点的达成度组成，因此需要对监测点达成度进行聚集合成。其计算公式为：

$$D=\frac{\sum_{i=1}^{63}D_iW_i}{\sum_{i=1}^{63}W_i}\tag{1-3}$$

其中，i 表示测度监测点，D 为达成度，D_i 为第 i 个监测点的达成度，W_i 为第 i 个监测点的权重。

2. 监测点目标达成水平的划分

为了使省市对各个监测点的目标达成情况有更为直观和生动的呈现，本研究结合各监测点 2020 年的目标达成度以及该监测点历史数据的发展趋势，将各监测点的达成水平分为四个等级，第一等级为"已达成"，即达成度大于等于 100%；第二等级为"即将达成"，即达成度超过 90% 且根据发展趋势可预测该监测点的目标大程度将于 2025 年或 2030 年超过 100%；第三等级为"需努力达成"，即达成度超过 80% 但不足 90%，且根据发展趋势并结合专家经验判断需努力推动才能实现;第四等级为"达成困难",即达成度不足80%。

(二) 教育2030现代化指数模型

教育2030目标监测指标指数模型构成及其计算方法,主要经过标准化以及合成归一化两个步骤。

1. 监测点的数据标准化

为避免不同监测点之间的量纲影响,增强监测点之间运算的有效性,借鉴联合国计划开发署(UNDP)发布的人类发展指数(HDI)和世界知识产权组织(WIPO)发布的全球创新指数(GII)等权威、公认的指数计算方法,使用极大极小值法对各监测点在2015至2020年的年度值进行标准化处理。

$$I_{ij} = \frac{J_{ij} - \min(J_{ij})}{\max(J_{ij}) - \min(J_{ij})} \tag{1-4}$$

其中,i 表示测度监测点,j 表示不同的省份或区域,J_{ij} 和 I_{ij} 分别表示原始的和标准化后的指数数值,$\max(J_{ij})$ 和 $\min(J_{ij})$ 分别表示测度监测点的最大值和最小值。

关于最大值和最小值的选择,需要说明的是,因全球创新指数更关注各国创新指数的排名在连续年度上的变化,在使用极大极小值法时,极大极小值的取值即为监测点样本值的极大值和极小值。与全球创新指数不同,人类发展指数在应用极大极小值法时,根据"未来预期值"和(修正后的)"自然0值"对极大值和极小值进行了界定,比如预期寿命的最小值和最大值分别设定为20年和85年。除指数排名在连续年度上可比之外,设定阈值的极大极小值法使指数值在连续年度上也具有了可比性,因此本研究借鉴UNDP的计算方法,综合考虑了各监测点在2015年至2020年间的最大值和最小值,以及《中国教育现代化2035》、各省市教育现代化2035和各省市教育事业发展"十四五"规划设定的目标值,确定了各监测点的最大值和最小值。

此外,在指数构建过程中,本次监测使用一般公共预算教育经费占比和增速代替一般公共预算教育支出。使用相对占比数据代替绝对数值,使得各省各区域之间的可比性更强。针对逆指标,同样采用公式1-2进行反向化处理。另外,为了缩小数据的绝对数值,压缩变量尺度,方便计算,对中小学教师平均工资收入采用对数处理(公式1-5)。

$$J'_{ij} = \ln J_{ij} \tag{1-5}$$

2. 标准化数据的合成归一化

因参与教育现代化指数计算的监测点系"指标体系"中的一部分,在结构和数量上都与"指标体系"有较大差别,因此将各监测点的权重等权处理,指标计算方法见公式1-6。

$$I = \frac{\sum_{i=1}^{n} I_i}{n} \tag{1-6}$$

(三) 监测点多维分析框架

本研究对每个监测点的发展水平进行了逐一描述,构建了监测点多维分析框架。多维表现在监测点目标达成度、监测点发展情况的纵向比较和趋势预测、监测点发展情况的国内外横向比较等三个方面,其中,横向比较的结果采用方阵图的形式呈现。通过对监测点的多维分析,监测评估更为立体和丰满,真正实现了有点有面,点面结合。监测点多维度分析既能够帮助各地快速判断相应领域和环节上的成就、经验、特点和问题等,又能够帮助各地发挥优势、确定问题,以实现教育精准施策和补齐教育短板的目标。

二、监测数据信息来源

为检验和修正指标体系及应用指标体系初步开展实证分析和实施全国、重点区域、各地乃至大城市的教育现代化监测评估工作,对教育 2030 目标的实施情况进行监测评估,可采用多源异构大规模基础数据信息。其中,除专家智慧、实践经验等非定量和非结构化数据信息外,直接参与达成度计算和指数编制的定量数据或可以转化为定量分析的数据信息,主要有如下四类。

(一) 国家教育统计数据信息

国家教育统计数据主要是由国家行政部门等权威机构提供的关于教育事业发展、教育经费、教育科技服务、教育督导以及人力资源开发和经济社会发展等方面的统计数据信息。包括由国家教育部提供的统计数据,例如大中小学学生体质健康优良率、中小幼学校师生比、大中小学教职工年均工资收入等;也包括第七次全国人口普查以及 31 个省(自治区、直辖市)、15 个副省级城市的人口、学龄人口、劳动年龄人口受教育水平等统计数据信息。

(二) 地方教育填报数据信息

为了充分反映全国各重点区域、各地教育改革发展的特色与优势,激发各地参与监测评估、积极利用监测评估结果推进精准施策的主动性,利用信息技术和系统服务的便利性,支持各地政府及教育行政部门通过监测服务平台填报各地统计掌握的部分指标数据信息。例如:中小学校艺术特色项目拥有率、大中小学校"三通两平台"及"数字校园"覆盖比例、学分银行覆盖率等共性监测点以及各省(自治区、直辖市)的教育改革发展特色监测点和各地教育事业发展"十四五"规划中的指标数据信息。

(三) 第三方教育相关数据信息

第三方数据信息包括国内、国际权威机构公开发布的第三方数据信息。其中,国内第三方数据包括"指标体系"中的劳动年龄人口平均受教育年限、公民具备科学素质比例、中小学学生近视率以及国家义务教育质量监测数据等共性监测点的基础数据信息,其主要来源为国家统计局、科协、国家卫生健康委员会、教育部基础教育质量监测中心等机构。国际第三方数据信息包括世界银行(WB)、联合国教科文组织(UNECSO)、经济合作与发展组织(OECD)等国际组织关于不同国家和地区的教育和人力资源开发的统计数据信息。

(四) 大规模抽样调查数据信息

为获得全国、某一区域或某一地区的教育发展目标监测指标的动态数据信息,需要科学设计能够达到较高信度和效度的抽样调查问卷,制定面向学生、家长、教师以及相关部门和机构人员等不同调查对象的科学抽样调查方案,采用先进、可靠的信息化调查手段,获得动态、及时的教育发展目标监测指标数据信息,通过多维度的综合分析,描绘教育规划实施情况和教育现代化发展水平,为教育科学决策、精准施策以及有效解决事关人民群众切身利益的热点、难点和重点问题提供依据与支撑。

为保证抽样调查工作及时、准确、高效地进行,本书开发形成了教育发展目标监测大规模问卷调查数据平台。科学设计了针对在校学生、教师、学生家长和行业企业从业人员等4类人群的6套问卷,具体包括中小学生卷、大学生卷、中学校教师卷、高校教师卷、中小学家长卷和行业卷。随着大数据、人工智能、物联网等信息技术的发展,教育指标监测可以利用新技术与智能化的工具,实现教育信息的数据化、科学化、动态化。当然,数据化不是简单的"数字化",它是一种把现象转变为新型可分析数据的量化过程,包括数据的采集和数据的处理,它是对教育领域中某些事件或事物进行描述、记录、分析和重组,然后借助计算机、通信和高密度存储技术等,以数据的形式更高效、更准确地转变为教育评估的可视化资源。信息一旦被数据化,便具有通用性、开放性、标准化和高度整合性等特点,人们就可以通过技术手段,充分解读、揭示隐藏在数据中的价值和秘密。①

三、监测技术创新

教育系统具备开放性、内在异质性、非线性、动态复杂性等特点,省际、市际、城乡之间共性与差性并存仍是不争的事实,这决定了教育目标监测评估是一项涉及多层级、多主体、多环节、多因素的系统复杂工程。我国具有世界最大规模的教育体系,且正处于从注重规模到重视质量的新阶段。对于现阶段的中国,监测和评价尤为重要,是教育中除中考和高考外的"第三根指挥棒"。同时,教育目标监测是一项复杂的系统性工程,为更好地发挥"第三根指挥棒"的作用,确保监测工作的高质量完成,借助信息技术,实现多学科、多人才、多种技术的深度协同与融合同样重要。

在建设高质量教育体系的目标导向下,教育部会同国家发展改革委在长三角区域已经完

---

① 沈忠华.新技术视域下的教育大数据与教育评估新探——兼论区块链技术对在线教育评估的影响[J].远程教育杂志,2017,35(3):31—39.

成了"率先实现教育现代化"这一总体任务要求的降维拆解,共形成了定性定量相结合的100多个监测点。定性定量相结合的特点与瑞士国际管理发展学院发布的《世界竞争力年鉴》(WCY,俗称《洛桑报告》)等具有较强权威性和影响力的指标体系是相符的。定量监测点以客观性、标准化、精确性、演绎性、易统计等优点取胜,而定性监测点则以其社会、文化意义和归纳性等特点,弥补了过分依赖量化数据导致的系统性不足和缺乏"温度"的缺陷。

稳步、有序、高效地推进协同监测,评估教育现代化发展战略的实施进展和执行成效,是建设高质量教育体系的必然要求,是推进教育改革,推动政府、教育机构、学校履职的重要抓手,更是适应国家现代化总进程,推进教育治理体系和治理能力现代化的题中之义。对照各省市教育发展目标和教育现代化特色发展监测点,分析判断各地教育现代化发展水平与进展、目标实现程度以及与经济社会发展的适应程度,挖掘特色与典型案例,总结教育现代化发展进程中的优势与经验,诊断不足与短板等问题,为科学决策、精准施策提供参考。同时,对国内国际相对发展水平进行监测评估,即:对照不同类型经济社会发展水平的国家和区域,在横向对比中,分析研判各地教育现代化发展的亮点、特点、优势和不足,判断各地教育现代化在国内、国际坐标系中的相对位置。

(一) 建立教育发展目标监测模型

新时代我国教育进入新的发展阶段,教育普及水平稳居世界中上收入国家行列,教育面貌正在发生格局性变化。面向中长期,中共中央、国务院印发了《中国教育现代化2035》战略规划,提出了"到2035年,总体实现教育现代化,迈入教育强国行列"的总体目标以及各级各类教育改革发展的具体目标和任务,描绘了我国教育现代化发展蓝图。从数据分析角度,教育2030目标监测既要判断各省市教育现代化发展的总体水平、进展与监测目标达成度和在国内国际坐标系中的相对地位,又要综合分析全国教育现代化进程的成效、挑战及影响因素。用目标达成度和指数对发展水平、发展趋势和进步程度进行描绘是目前的共识,诸如人类发展计划署发布的人类发展指数已经在这方面提供了诸多有益参考和良好借鉴。

第一,建立教育现代化目标达成度监测模型,服务问题预警和政策调适。所谓达成度,即当前值与监测目标值的比例。达成度的计算涉及目标值确定问题。"指标体系"综合选用了四类标准作为确定各个目标值的依据:一是按照《中国教育现代化2035》的目标值作为参考;二是以国家要求为依据,比如将中小学学生近视率的目标值设为"每年降低0.5个百分点以上";三是以东部地区为参照(或以不同类型的国家水平形成对照),将目标值设为"优于东部平均水平",比如长三角地区在国家义务教育质量监测中应优于东部平均水平;四是将定性监测点的目标值设为"优良水平",比如应达到优良的教育信息化应用水平等。通过建立达成度分析模型,可以获得各监测点、各二级指标、各一级指标以及地区教育现代化总体目标的达成度。

第二,建立以东部发达地区为基准的教育目标监测指数模型,反映教育现代化进程的综合变动。选择可进行区域比较、国际比较的重要指标和监测点代入指数模型,以编制综合指数和分项指数的形式,系统描绘在总体和各项教育事业指标上不同地区教育现代化发展水平在国内、国际坐标系中的位置。

第三,确定指标和监测点的权重在达成度模型和指数模型中都是一个重要核心问题。总的来说,权重的确定可采用层次分析法等主观赋权法、主成分分析法等客观赋权法,以及综合运用领域专家的知识、经验信息和客观数据结果的混合赋权法。在《洛桑报告》中,监测点的权重采用底层等权加和法,即遵循要素等权、子要素等权、子要素下硬指标等权、调查指标等权的指标权数设定原则。对照"指标体系",采用层次分析法对一级指标和二级指标的权重进行计算,二级指标下的各监测点则遵循等权原则,以提高评估结果的可靠性和连续年度上的评估数据兼容性。

第四,加强关联分析,尤其要强化因果推断分析。探寻事件之间的因果关系是人类不断追求真理的前进动力,决定论与因果律一直是西方哲学研究最重要的内容之一。亚里士多德在其论著《物理学》中便就掌握因果律对于了解自然变化的重要作用进行了充分的阐释:"既然我们的目的是要得到认识,我们在明白了每一个事物的'为什么'(就是说把握了它们的基本原因)之前是不会认为自己已经认识一个事物的,所以很明显,在生与灭的问题以及每一种自然变化的问题上去把握它们的基本原因,以便我们可以用它们来解决我们的每一个问题。"① 秉承这一传统,大卫·休谟从经验主义立场出发对因果关系进行考察,他主张"事物的知识应当以因果关系为基础,只有因果关系才能使我们超出感觉和记忆的范围。对于因果关系并不能有先验的认知,只可能借助于经验,而要得出超过经验的任何知识又必须假设因果关系"。② 分析教育现代化进程的成效和影响因素离不开关联因果分析,除指标和指标之间,指标和社会经济文化因素、教育改革因素之间的常用关联分析外,指向发现影响因素的因果关系分析在监测评估领域内还非常薄弱,而因果关系分析则是构建智能化评估机制的重要依据。

(二)创新数据采集和数据融合手段

数据是开展教育目标监测评估的主要依托,围绕获取真实数据和挖掘数据价值这一核心任务展开。而定性定量相结合的指标体系意味着数据在总体上将呈现多源异构特征。这对开展分类采集、建立数据标准、创新采集手段、加强数据融合等提出了高要求。

第一,明确数据采集需求,实现分类监测。监测点的性质决定了数据采集的来源。定量监测点的数据来源可分为三种:一是纳入国家统计监测范围的统计数据,如各级教育入学(园)率等;二是各地教育行政部门掌握的相关数据,如老年教育参与程度等;三是第三方机构通过调查和测量获取的相关数据,如义务教育质量监测水平等。针对诸如教师师德师风水平等定性监测点,需对它们的内涵和结构进行界定,使其具有可操作性,并广泛运用问卷调查、能力评

---

① 亚里士多德.物理学[M].张竹明,译.北京:商务印书馆,1982:37.
② 休谟.人类理解研究[M].关文运,译.北京:商务印书馆,1957:61.

估、专家咨询等多种数据采集手段,获取相关的结构化、半结构化甚至非结构化数据。教育2030目标监测评估工作需要针对中小学学生、高校学生、中小学学生家长、中小学教师、高校教师,以及行业企业等六类人群设计问卷,系统收集各方感受和关切。此外,需广泛搜集相关区域基础数据和国际可比数据,并根据实际需要开展补充性调研和专家访谈,获取信息和知识类数据,以支持对教育目标监测总体发展水平的全面把握。

第二,建立数据标准,创新数据采集手段。梳理完善基础数据并建立健全各类数据标准,提升数据效能,避免产生信息"烟囱",为后续数据分析提供基础规范支撑。定量数据需要政府、部门和学校三个层级的共同努力。政府层面负责设计数据规范采集流程和数据编码统一标准;部门层面需加强协同共享,打破数据壁垒,建立标准数据接口,保障数据交换有效及时;学校层面要执行数据标准,完成数据标签和数据清洗,实现规范存储。抽样调查的实施需遵循标准化的数据采集流程,尽可能科学、规范抽样,并在问卷调查的实施过程中建立标准化访问流程和监督审查机制,保障数据获取的有效性。此外,还要建立并创新基础数据采集机制。一方面做到常态化采集,实现"业务数据化,数据业务化",避免"运动式"数据采集带来的人为因素干扰;另一方面要大胆创新,选择一批学校设置埋点,比如利用可穿戴设备等多种传感设备实时采集学生运动健康数据及学生学习的过程性数据。

第三,加强多源数据融合,提升数据应用效能。科学的教育决策离不开多维度数据分析,而多维度数据分析则依赖于标准化数据。多源数据融合技术是指利用相关手段将调查、分析获取到的所有信息全部综合到一起,并对信息进行统一的评价,最后得到统一的信息的技术。技术研发的目的是将各种不同的数据信息进行综合,吸取不同数据源的特点,然后从中提取出统一的,比单一数据更好、更丰富的信息。为此,需要将监测过程中采集的多源异构数据进行转换,实现数据融合。监测评价离不开量化也不能过分依赖量化,立足中国国情和东方哲学思维,难以直接量化分析的知识和专家经验与智慧在监测评估过程中也非常重要,因此,还要关注计量数据与此类信息的融合。

(三)加强数据库与监测评估信息平台建设

教育目标监测是以实现教育目标和教育理念为价值标准,以一定的评估指标体系为依据,通过系统地收集信息,运用一系列科学、可行的方法、技术和手段,对教育活动、过程及其结果进行系统的考察和价值判断,并为改革和发展教育的决策提供依据的优化教育的动态过程。信息是整个教育评估过程中最重要、最基础的依据。信息的多少、正确与否是判断事件、活动或结果确定性的关键,将直接影响教育评估的信度。当前,教育领域的大数据正在加速形成,各种涉及课程教学、教学管理、学情信息、数字化校园等方面的数据与日俱增。从信息采集角度讲,随着教育大数据的形成以及互联网技术的发展,教育数据的采集将改变传统人工模式,采集的时效性和便利度将大大提高,为教育评估提供了较好的基础保障。从信息处理和分析的角度讲,正如前面所述,信息的数据化已经不成问题。然而,如何处理这些庞大而看似无序的数据需要更多的智能化技术。建立广泛覆盖地区的监测评估信息平台是连接监测评估活动主体和客体之间的重要媒介，是推进教育管理精准化和教育决策科学化、提升教育治理水平和治理能力现代化的内在要求。

一是实现数字化、智能化。要对照高标准，以提高监测评估的科学性、公正性和准确性为目标，以基础数据库建设为抓手，以各类智能设备及网络为依托，积极使用移动互联网、大数据、云计算、人工智能等新一代信息技术，研发和建立系统化、动态化、可比较、可跟踪的各地区教育现代化监测数据服务系统，构建监测评估分析系统，努力实现相关数据信息采集、数据分析、结果展示、查询服务的智能化和智慧化，实现监测评估一体化。通过完善教育数据采集、上报、发布、共享机制，推动教育数据的全面整合、充分共享，实现数据采集自动化、数据处理与分析智能化、评估结果可视化，建立健全国家和地方基于智能治理、标准统一、系统对接、资源共享、服务高效的教育数据信息平台；健全教育数据管理机制，积极稳妥地推进教育数据对教育行政管理部门、教育研究人员、社会公众分级有序开放的教育数据治理制度；进一步优化教育信息、教育政务公开的内容、范围、程序以及相关风险防控机制的设计与实施路径，完善政府教育政务公开制度、学校教育与发展的社会报告制度，接受公众监督，以教育信息与政务公开，倒逼教育改革发展，促进教育治理效能的提高；建立与完善基于教育大数据的数据分析与专家决策系统、教育监测与评估系统以及数字化、智能化教育资源系统，建构基于互联网的开放性、教育信息开放共享以及多级多元民主协商机制的教育协同治理平台，开发智能教育治理的新模式、新方式、新工具，为教育治理过程中的规划、设计、决策、执行、监测、评估提供智能化技术支持，形塑基于智能化信息通信技术的智能教育治理新模式；建立健全基于教育大数据分析的教育风险、教育舆情的感知与应急响应机制，提高应急反应能力，防范、化解潜在教育安全风险。

二是实现指标数据体系化。坚持以习近平新时代中国特色社会主义思想统领研发工作。加快推进教育现代化、建设教育强国、办好人民满意的教育，是习近平总书记关于教育重要论述的核心内容，也是以人民为中心的发展思想在教育领域的生动体现，反映了中国共产党的初心使命和执政为民的现实需要。基于此，教育目标监测信息平台应包括但不限于涵盖监测背景、指标体系、目标达成与预警、教育现代化发展指数、评估与展望、关联研究等模块。

三是要注重其交互性功能的开发。加强平台的移动端建设，是提升地区教育2030目标监测评估的影响力和应用价值的有效路径。从实际运用角度看，教育目标监测信息平台及监测结果，可以直接影响到区域和各地教育发展目标实现程度的诊断和评价结果，对于各级政府和教育行政部门、学校等均具有强烈的引导、督促和鞭策作用，甚至可运用于公共问责和行政问责，其监测结果也容易引起各地和社会各界的普遍关注，利于形成政府、学校、家庭和社会协同推动教育发展的合力。因此，要把教育目标监测信息平台建设作为提升教育治理现代化的重要抓手，不断总结经验教训，为推进大国教育治理现代化作出新的贡献，在引领我国参与全球合作和竞争中发挥标杆带头作用，为我国履行关于落实联合国教科文组织《教育2030行动框架》的承诺,提供有力的支撑和范例。这也是落实《深化新时代教育评价改革总体方案》所提出的"积极开展教育评价国际合作,参与联合国'2030年可持续发展议程'教育目标实施监测评估,彰显中国理念,贡献中国方案"任务的应有之义。

四是在数据信息应用中推进教育评价改革。贯彻落实《深化新时代教育评价改革总体方案》,坚持问题导向,从党中央关心、群众关切、社会关注的问题入手,改进结果评价,运用相关数据信息强化过程评价,探索增值评价,健全综合评价,充分利用信息技术,针对不同主体和不同学段、不同类型教育特点,提高教育评价的科学性、专业性、客观性。扭转不科学的教育评价导向,坚决克服唯分数、唯升学、唯文凭、唯论文、唯帽子的顽瘴痼疾,坚持中国特色,扎根中国、融通中外、立足时代、面向未来,坚定不移走中国特色社会主义教育发展道路。另外,在数据库与监测评估信息平台建设的同时,要加快推进教育发展目标监测系统开发,借助专业机构或软件公司等方面力量,实现全国、部分区域以及各地教育发展目标监测结果展示的可视化,推动抽样调查、地方教育特色指标、第三方、区—校监测点等方面数据信息集成、获取的动态化,最终实现基于数量信息的监测智能化。

第六章

初步监测结果及分析

为了应用和检验本研究提出的指标体系和监测评估方法,本部分将按照本研究提出的教育发展目标监测指标体系框架、监测工具体系以及来自国家教育统计和第三方的监测指标数据信息,选择《中国教育现代化2035》设计的8个数量性预期指标及对应的2020年统计数据信息,对全国、长三角以及部分省市达成目标的程度进行分析,反映各地落实目标和对策举措的施策成效;同时,选择"指标体系"中的21个指标/监测点和2015—2020年的统计数据信息,对全国、部分区域和各地的教育现代化指数进行分析,判断各地在全国坐标系中的地位及变化;另外,还选择"指标体系"中的部分监测点,进行多维分析,反映具体某一个指标及其对应的教育阶段、领域和环节的发展变化情况以及在全国各地中的相对地位及变化。

一、全国教育现代化监测目标达成度分析

按照本书提出的目标达成度分析模型和计算方法,一是需要确定每一个指标/监测点的2025年或2030年监测目标值或判断标准;二是需要获得和确认每一个指标/监测点的现状值水平,其中既有数量性指标现状值,也有通过抽样调查转换获得的指标数量值。在此基础上,就可以按照确定的指标/监测点权重,汇总获得不同年度全国以及各地教育现代化总体、各级教育、相关环节或领域指标的监测目标达成度。

本书受到时间以及研究要求的范围等多方面因素影响,并未获得全体指标的现状值,也没有研究设计全体指标2030年的监测目标值和判断依据,因此,还不能够对全国及各地的各方面教育现代化监测目标达成度进行系统测算。但是,可以用监测指标体系达成度的运算方法,针对《中国教育现代化2035》提出的预期目标进行达成度分析,判断2020年相对于2035年的国家教育现代化发展数量指标的达成情况。

(一) 2020年全国已完成《中国教育现代化2035》预期目标的8成以上

面向中长期国家教育现代化发展,党和国家制定并发布了《中国教育现代化2035》战略规划,围绕总体实现教育现代化的战略目标,提出了教育事业发展和人力资源开发方面的9个预期目标。

对照党和国家确定的国家教育现代化2035年预期目标,2020年全国已经实现了82.8%的预期目标,为2035年如期达成总体实现教育现代化的预期目标奠定了重要基础。

在《中国教育现代化2035》战略规划的9个2035年预期目标中,有8个指标有统计数据支撑,其中,全国九年义务教育巩固率、高中阶段教育毛入学率、劳动年龄人口平均受教育年限、学期教育毛入园率等指标,达成度均达到2035年预期目标要求的80%以上。高等教育毛入学率达成度达到2035年预期目标要求的90%以上。比较而言,新增劳动力中受过高等教育的比例的2035年预期目标达成度较低,这个指标达成情况的影响因素较多,除教育发展本身的原因外,还包括疫情等因素。

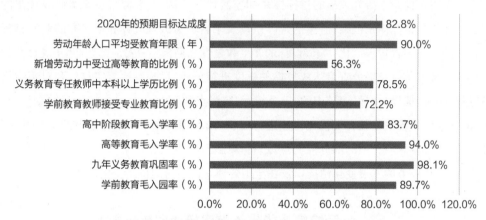

图6-1 2020年全国层面对照《中国教育现代化2035》预期目标的达成度

(二)2020年我国落实《教育2030行动框架》SDG4指标的情况

2015年9月,联合国"2030年可持续发展议程"提出了17项可持续发展目标(Sustainable Development Goals,SDGs)以及169项子目标(targets)。为落实各项重要的全球性政治议程,联合国成立了SDGs指标跨机构专家委员会(IAEG-SDGs)。该委员会于2017年提出了包含232个指标的SDGs全球指标框架(SGIF),为世界各国或地区开展SDGs定期监测和评估提供全球统一的指标体系。教育是2030年可持续发展议程能否成功实现所有17个目标的关键。"可持续发展目标4"(SDG4)的基本目标是"确保包容和公平的优质教育,促进全民享有终身学习机会"。2015年,在联合国教科文组织第38届大会(38th UNESCO General Conference)上,通过并发布了《教育2030行动框架》(Education 2030 Framework for Action,简称FFA)。该行动框架有三个部分。第一部分概述了教育2030的愿景、基本原理和原则;第二部分描述了总体目标、战略方法、具体目标和测量指标;第三部分探讨了实施方式。① 它为各国提供了实施教育2030议程的行动指南,旨在推动所有利益相关方围绕新的全球教育目标和具体目标采

---

① UNESCO. 引领2030年教育[EB/OL]. [2022-04-11]. https://www.unesco.org/en/education/education2030-sdg4.

取行动,提出实施、资助和审核教育 2030 议程的全球性、区域性和国家性方法,保障为所有人提供平等的教育机会。2022 年 3 月,教科文组织发布了最新的"可持续发展目标 4"(SDG4)指标的正式清单,以指导各国加强 SDG4 目标的监测,确保在 2030 年实现教育可持续发展目标。

表 6-1 "可持续发展目标 4"指标的正式清单(2022 年 3 月)

《教育 2030 行动框架》	
	政府的教育支出占国内生产总值的百分比
目标 1.a	到 2030 年,确保从各种来源,包括通过加强发展合作,大力调动资源,以便为发展中国家,特别是最不发达国家提供充足和可预测的手段,实施消除各方面贫穷的方案和政策
1.a.2	政府总支出中用于基本服务(教育)的比例
目标 4.1	到 2030 年,确保所有男女童完成免费、公平和优质的中小学教育,并取得相关和有效的学习成果
4.1.0	按性别划分,为未来做好准备的儿童/年轻人的比例
4.1.1	按性别划分,(a)二年级或三年级、(b)初等教育结业时、(c)初级中等教育结业时(i)阅读和(ii)数学至少达到最低限度熟练水平的儿童和青年比例
4.1.2	完成率(小学教育、初中教育、高中教育)
4.1.3	最后一年级(小学、初中)的毛在学率
4.1.4	失学率(小学前 1 年、小学教育、初中教育、高中教育)
4.1.5	超学龄儿童百分比(小学教育、初中教育)
4.1.6	(a)在二年级或三年级;(b)在小学教育结束时;(c)在初中教育结束时,进行具有全国代表性的学习评估
4.1.7	法律框架中保证的(a)免费和(b)义务教育和中学教育的年数
目标 4.2	到 2030 年,确保所有男女童获得优质幼儿发展、看护和学前教育,为他们接受初等教育做好准备
4.2.1	按性别划分,24—59 个月大的儿童在健康、学习和社会心理健康方面发育正常的比例
4.2.2	按性别分列的有组织学习的参与率(比正式小学入学年龄早一年)
4.2.3	5 岁以下儿童经历积极和激励的家庭学习环境的百分比
4.2.4	(a)学前教育和(b)儿童早期教育发展中的儿童早期教育毛入学率
4.2.5	法律框架中保证的(a)免费和(b)义务学前教育的年数
目标 4.3	到 2030 年,确保所有男女平等获得负担得起的优质技术、职业和高等教育,包括大学教育
4.3.1	过去 12 个月内青年和成人参与正规和非正规教育和培训的比率,按性别分类
4.3.2	按性别划分的高等教育毛入学率

续表

《教育 2030 行动框架》	
4.3.3	按性别划分的职业技术课程的参与率(15 至 24 岁的年轻人)
目标 4.4	到 2030 年,大幅增加拥有相关技能(包括技术和职业技能)的青年和成年人的数量,以促进就业、体面工作和创业
4.4.1	掌握信息通信技术(ICT)的青年和成人比例,按技能类型划分
4.4.2	在数字知识技能方面至少达到最低熟练程度的青年/成人的百分比
4.4.3	按年龄组和教育水平划分的青年/成人受教育率
目标 4.5	到 2030 年,消除教育中的性别差距,确保残疾人、土著居民和处境脆弱儿童等弱势群体平等获得各级教育和职业培训
4.5.1	本清单上可以分列的所有指标的均等指数(女性/男性、农村/城市、最贫穷的五分之一/最富有的五分之一以及有数据可查的其他情况,例如残疾情况、土著居民、受冲突影响的群体) 凡有可能,应就其在整个群体中的分布情况提出其他指标
4.5.2	(a)低年级、(b)小学毕业、(c)初中毕业的学生中,以第一语言或母语作为教学语言的比例
4.5.3	存在将教育资源重新分配给弱势人群的供资机制
4.5.4	按教育水平和资金来源划分的学生人均教育支出
4.5.5	分配给最不发达国家的教育援助总额的百分比
目标 4.6	到 2030 年,确保所有青年和大部分成年男女具有识字和计算能力
4.6.1	某一特定年龄组中使用(a)读写和(b)计算技能至少达到某一特定熟练水平的人口百分比,按性别分列
4.6.2	青年/成人识字率
4.6.3	青年/成人的扫盲计划参与率
目标 4.7	到 2030 年,确保所有进行学习的人都掌握可持续发展所需的知识和技能,具体做法包括开展可持续发展、可持续生活方式、人权和性别平等方面的教育、弘扬和平和非暴力文化、提升全球公民意识,以及肯定文化多样性和文化对可持续发展的贡献
4.7.1	(i)全球公民教育和(ii)可持续发展教育,包括性别平等和人权,在(a)国家教育政策、(b)课程、(c)师范教育和(d)学生评估等各个层面纳入主流化的程度
4.7.2	提供基于生活技能的艾滋病和性教育的学校百分比
4.7.3	世界人权教育方案框架在全国的实施程度(根据联合国大会第 59/113 号决议)
4.7.4	对全球公民和可持续发展相关问题有充分认识的初中学生的百分比
4.7.5	初中学生在环境科学和地球科学知识方面表现出熟练程度的百分比
4.7.6	国家教育政策和教育部门计划在多大程度上认识到国家教育系统中需要加强的技能广度
目标 4.a	建立和改善兼顾儿童、残疾和性别平等的教育设施,为所有人提供安全、非暴力、包容和有效的学习环境
4.a.1	按服务类型划分,提供基本服务的学校比例

续表

《教育 2030 行动框架》	
4.a.2	在过去的 12 个月里，(a)小学和(b)初中教育中遭遇欺凌的学生的百分比
4.a.3	学生、工作人员和机构受到攻击的次数
目标 4.b	到 2020 年，在全球范围内大幅增加发达国家和部分发展中国家的奖学金数量，特别是最不发达国家、小岛屿发展中国家和非洲国家提供的高等教育奖学金数量，包括职业培训和信息通信技术、技术、工程、科学项目的奖学金
4.b.1	按部门和学习类型划分的用于奖学金的官方发展援助数量
目标 4.c	到 2030 年，大幅增加合格教师的供应，包括通过国际合作在发展中国家，特别是最不发达国家和小岛屿发展中国家进行教师培训
4.c.1	按教育水平划分，具有最低要求资格的教师比例
4.c.2	按教育水平划分的学生与教师比例
4.c.3	按教育水平和机构类型划分的符合国家标准的教师百分比
4.c.4	按教育水平划分的学生-合格教师比例
4.c.5	相对于其他需要类似教育程度的职业，教师的平均工资
4.c.6	按教育层次分列的教师流失比例
4.c.7	过去 12 个月内接受过在职培训的教师百分比，按培训类型分列

资料来源：https://tcg.uis.unesco.org/wp-content/uploads/sites/4/2020/09/SDG4_indicator_list.pdf.

我国政府高度重视 2030 年可持续发展议程，为指导和推动有关落实工作，2016 年 9 月 19 日，国务院总理李克强在纽约联合国总部主持召开了"可持续发展目标：共同努力改造我们的世界——中国主张"座谈会，并宣布发布《中国落实 2030 年可持续发展议程国别方案》。该方案回顾了中国落实千年发展目标(MDG)的成就与经验，分析了推进落实可持续发展议程面临的机遇和挑战，明确了中国推进落实工作的指导思想、总体原则和实施路径，并详细阐述了中国未来一段时间落实 17 项可持续发展目标和 169 个具体目标的具体方案。[1] IAEG - SDGs 的初步研究表明，约 2/3 的 SDGs 指标缺乏官方提供的权威数据。因此，需要从适应性、可量测和全覆盖 3 个方面，分析教科文组织 SDG4 每一指标的内涵与用途，并结合我国国情和教情，以及数据的可获得性，对相关指标进行进一步的筛选或改进，构建出本地化的 SDG4 指标集。一般而言，指标筛选或改进的四种主要方式为直接采用、改进、修改或替代。直接采用是指不改变原有指标名称、定义解释、计算方法，即直接引用；改进是指原有指标的名称、定义解释、计算方法基本适用，但其对应的具体目标表述不足，或者不能完全反映区域的不同发展阶段，需扩展

---

[1] 中国落实 2030 年可持续发展议程国别方案[EB/OL]. (2016 - 10 - 13)[2023 - 03 - 16]. http://www.gov.cn/xinwen/2016-10/13/content_5118514.htm.

其指标的内涵,或改进其计算方法;修改是在保持指标内涵的基础上,对指标具体定义或者元数据中定义的部分数据,进行具体化或者结合本地化的实际进行调整;替代是指原有指标不适用,研究提出近似或相近指标。① 结合 OECD 对可持续发展目标监测与评估的做法,本书将教科文组织公布的 SDG4 指标具体分为 4 类。A 类是教科文组织"可持续发展目标 4"指标正式清单中有明确规定的目标水平。目标有确定的一个值(如 4.1,到 2030 年,确保所有男女童完成免费、公平和优质的中小学教育),或者在少数情况下,表示为相对改善(如 4.c,到 2030 年,大幅增加合格教师的供应)。B 类是如果 SDG4 指标中没有确定目标值,则从其他国际协定中提取目标水平,例如,4.a.1,能获得以下资源的学校比例:……(e)饮用水;(f)男女分开的基本卫生设施;(g)基本洗手设施(按水卫项目指标定义)。C 类是如果 SDG4 指标或专家资料中都不能确定目标值,则目标水平值确定为目前的"最佳表现"——高收入国家平均所达到的水平。D 类是对于缺乏明确的国际比较规范方向的指标(如政府教育支出占 GDP 的比例),没有设定目标水平。在数据来源方面,首先是联合国教科文组织统计研究所(UIS)的数据,其次是世界银行相关数据,以及 OECD 数据库的相关国际比较数据。

结合以上原则,尤其是指标数据的实质可比性和数据的可获得性,在我国落实《教育 2030 行动框架》SDG4 指标的最终遴选方面,本书确定了如下用于国际比较的分析指标。

表 6-2　本书确定使用的 2030 UNESCO SDG4 国际比较量化指标

《教育 2030 行动框架》		备注
	政府的教育支出占国内生产总值的百分比	直接采用
目标 4.1	到 2030 年,确保所有男女童完成免费、公平和优质的中小学教育,并取得相关和有效的学习成果	
4.1.3	最后一年级(小学、初中)的毛在学率	改进: 1. 小学五年保留率; 2. 九年义务教育巩固率
4.1.4	失学率(小学前 1 年、小学教育、初中教育、高中教育)	替代: 高中阶段教育毛入学率
目标 4.2	到 2030 年,确保所有男女童获得优质幼儿发展、看护和学前教育,为他们接受初等教育做好准备	
4.2.4	(a)学前教育和(b)儿童早期教育发展中的儿童早期教育毛入学率	修改: 学前教育毛入园率(%)
目标 4.3	到 2030 年,确保所有男女平等获得负担得起的优质技术、职业和高等教育,包括大学教育	

---

① 陈军,彭舒,赵学胜,葛岳静,李志林.顾及地理空间视角的区域 SDGs 综合评估方法与示范[J].测绘学报,2019,48(04):473—479.

续表

《教育 2030 行动框架》		备注
4.3.2	按性别划分的高等教育毛入学率	改进： 高等教育毛入学率
目标 4.5	到 2030 年,消除教育中的性别差距,确保残疾人、土著居民和处境脆弱儿童等弱势群体平等获得各级教育和职业培训	
4.5.4	按教育水平和资金来源划分的学生人均教育支出	改进： 各级教育生均一般公共预算教育经费增长情况
目标 4.6	到 2030 年,确保所有青年和大部分成年男女具有识字和计算能力	
4.6.1	某一特定年龄组中使用(a)读写和(b)计算技能至少达到某一特定熟练水平的人口百分比,按性别分列	替代： 劳动年龄人口平均受教育年限
目标 4.c	到 2030 年,大幅增加合格教师的供应,包括通过国际合作在发展中国家,特别是最不发达国家和小岛屿发展中国家进行教师培训	
4.c.2	按教育水平划分的学生与教师比例	直接采用
4.c.5	相对于其他需要类似教育程度的职业,教师的平均工资	改进： 教师的平均工资占人均 GDP 的比例
4.c.7	过去 12 个月内接受过在职培训的教师百分比,按培训类型分列	直接采用

除了表 6-2 中的量化指标外,UNESCO"可持续发展指标 4"的部分说明性指标也可直接采用,包括:法律框架中保证的(a)免费和(b)义务教育和中学教育的年数(4.1.7),法律框架中保证的(a)免费和(b)义务学前教育的年数(4.2.5),存在将教育资源重新分配给弱势人群的供资机制(4.5.3)等。

从 UNESCO《教育 2030 行动框架》SDG4 的说明性指标来看,一是关于义务教育法定年限。根据《中华人民共和国义务教育法》规定,义务教育是国家统一实施的所有适龄儿童、少年必须接受的教育,是国家必须予以保障的公益性事业。义务教育是我国一项非常重要的基本教育制度。义务教育具有强制、普及、均衡三个特征。我国实行九年义务教育制度,包括小学阶段,初中阶段。[1] 2021 年,高收入国家义务教育年限(Duration of compulsory education)平均为 10 年,中高收入国家义务教育年限平均为 10 年(2020 年);2021 年 OECD 成员国义务教育年限平均为 11 年;欧盟成员国 2020 年的数据显示,义务教育年限平均为 10 年。从具体国家来看,2021 年,美国义务教育年限为 12 年、英国为 11 年、德国为 13 年、法国为 13 年、以色列为 15 年、意大利为 12 年、芬兰为 10 年、俄罗斯为 11 年、加拿大为 10 年;此外,2020 年,日本的义务教育年限为 9 年、韩国为 9 年、新加坡为 6 年、印度为 8 年。目前我国还处在社会主义初级阶

---

[1] Duration of compulsory education (years)|Data [EB/OL]. [2022-11-10]. https://data.worldbank.org.cn/indicator/SE.COM.DURS?view=chart.

段,这个阶段办任何事情都要从初级阶段最大的国情出发考虑,义务教育实行九年制是有一定道理的,符合目前我国的基本国情。

二是关于法律框架中保证的(a)免费和(b)义务学前教育的年数。我国《幼儿园工作规程》(中华人民共和国教育部令第39号)规定,幼儿园是对3周岁以上学龄前幼儿实施保育和教育的机构。幼儿园教育是基础教育的重要组成部分,是学校教育制度的基础阶段。幼儿园适龄幼儿一般为3至6周岁。幼儿园一般为三年制。与义务教育年限的特征相似,全球不同国家由于学制的不同,幼儿园的年限规定也不尽相同,甚至对于是否将幼儿学前教育纳入义务教育也是根据各国的历史传统、国情和教育发展的现实情况进行区别化设计和规定的。

三是将教育资源重新分配给弱势人群的供资机制等,从针对学生个体来说,目前我国已经有基本完善的覆盖全学段的学生资助体系,实现了资助政策所有学段、所有学校、所有家庭经济困难学生全覆盖。党的十八大以来,以习近平同志为核心的党中央高度重视学生资助工作,要求"健全学生资助制度""提高家庭经济困难学生资助水平"。教育部深入贯彻落实党中央决策部署,督促指导地方各级政府和学校着力建设高质量学生资助体系,坚持推进精准资助和资助育人,确保"不让一个学生因家庭经济困难而失学"。目前,我国学生资助已形成了投入上以政府资助为主、学校和社会资助为辅,方式上以无偿资助为主、有偿资助为辅,对象上以助困为主、奖优为辅的中国特色学生资助体系,涵盖28个中央政府资助项目,"奖、助、贷、免、勤、补、减"多元政策相结合,年资助人次1.5亿,年资助金额2600多亿元,为世界提供了学生资助的中国方案。一是资助项目更全,构建了符合国情的资助政策体系;二是资助力度更大,形成了政府投入为主的资助格局;三是资助标准更高,提升了受助学生的生活水平;四是资助范围更广,实现了资助政策从"学前教育到研究生教育所有学段、所有公办民办学校、所有家庭经济困难学生'三个全覆盖'"。①

从地区上讲,我国教育投入把"三区三州"等原深度贫困地区作为"坚中之坚"优先支持,把"建档立卡"等深度贫困学生作为"困中之困"优先资助。据统计,国家财政性教育经费用于中西部地区的经费占到50%以上,中央对地方教育转移支付资金用于中西部地区的经费占到80%以上。特别是新增教育经费优先支持实施教育脱贫攻坚行动,原"三区三州"等深度贫困地区的财政性教育经费年均增速达12.2%,超过全国平均水平2.8个百分点,有力助推了"发展教育脱贫一批"。② 如2022年,财政部下达义务教育相关转移支付资金2125亿元(不含教师工资),以引导和支持地方落实"双减"政策,提高义务教育经费保障水平,深入推进薄弱环节改善与能力提升工作。其中,安排300亿元,支持地方深入推进薄弱环节改善与能力提升工作,持续改善农村学校基本办学条件,有序扩大城镇学位供给,提升学校办学能力等。安排262亿元,支持地方实施好学生营养改善计划,落实每生每天5元的营养膳食补助标准,持续改善欠

---

① 奋力书写人民满意的学生资助答卷——党的十八大以来学生资助改革发展成就[EB/OL].(2022-08-30)[2023-02-11]. http://www.moe.gov.cn/fbh/live/2022/54709/sfcl/202208/t20220830_656378.html.
② 周进祥.这十年——教育经费实现"好钢用在刀刃上"[N].光明日报,2022-09-28(8).

发达地区学生营养健康状况。① 此外,在考试招生制度改革方面,通过改进招生计划分配方式,促进区域城乡入学机会更加公平。党的十八大以来,我国持续实施支援中西部地区招生协作计划,每年从全国招生计划增量中专门安排部分名额面向中西部地区和考生大省招生。持续实施重点高校招收农村和贫困地区学生专项计划,招生名额从2012年的1万人增至2022年的13.1万人,累计录取学生95万余人,形成了保障农村和贫困地区学生上重点高校的长效机制。第三方评估显示,专项计划得到多方认可,高校满意度为80%,学生满意度为90%,地方满意度为100%。同时,进一步完善和落实进城务工人员随迁子女升学考试政策,累计已有168万余名随迁子女在流入地参加了高考。②

关于2030 SDG4国际比较量化指标方面,首先是直接采用指标:"政府的教育支出占国内生产总值的百分比"。根据教育部最新公布的数据,近十年来我国对教育的财政投入始终坚持逐年只增不减。国家财政性教育经费十年累计支出33.5万亿元,年均增长9.4%,高于同期GDP年均名义增幅(8.9%)和一般公共预算收入年均增幅(6.9%)。国家财政性教育经费支出占GDP的比例达到4%,这是我国在2012年首次实现、又连续10年巩固的一个目标。在党中央、国务院的坚强领导下,在中央和地方各级党委政府的共同努力下,在财政、发展改革、人力资源和社会保障等各部门的大力支持下,国家财政性教育经费支出占GDP比例连续10年保持在4%以上。尽管这一比例不同年份有高有低,但始终没有低于4%。尽管与世界平均4.3%和OECD成员国平均4.9%的水平相比,我国还有一定差距,但也要认识到,我国是在财政收入占GDP比例低于世界平均水平的情况下,达到了世界平均的财政教育投入水平,是用世界平均水平的财政教育投入强度支撑着世界上最大规模的教育体系。根据国际经验数据,国家财政性教育经费支出占GDP比例的高低,与财政收入占GDP比例直接相关。一般来说,当一国财政收入占GDP比例在30%—40%时,国家财政性教育经费支出占GDP比例才有可能达到4%以上。我国财政收入占GDP比例长期低于世界平均水平,2012年首次实现4%目标时还不到30%。特别是"十三五"时期,我国财政收入占GDP比例不升反降。在这种背景下,我们能够连续十年保住4%这一底线,着实是很不容易的。③

从国际比较来看,2019年政府的教育支出占国内生产总值的百分比的世界平均水平为3.7%;2018年,欧盟的平均水平为4.6%,OECD成员国的平均水平为4.9%,高收入国家的平均水平为4.8%,中高收入国家2020年的平均水平为4.4%。从具体国家来看,2018年英国教育支出占国内生产总值的百分比为5.2%,美国同期为4.9%,法国为5.4%,德国为5.0%,芬

---

① 财政部下达义务教育相关转移支付资金[EB/OL].(2022-05-13)[2023-01-20]. http://www.gov.cn/xinwen/2022-05/13/content_5690092.htm.
② 这十年——十八大以来考试招生制度改革成效[EB/OL].(2022-09-15)[2023-02-09]. http://www.moe.gov.cn/fbh/live/2022/54835/twwd/202209/t20220915_661374.html.
③ 周进祥.这十年——教育经费实现"好钢用在刀刃上"[N].光明日报,2022-09-28(8).

兰为6.3%。相比而言,东亚及东南亚国家在该指标的值相对较小,如日本2018年的比例为3.1%,韩国为4.5%,新加坡2020年在该指标上的比例值为2.5%。

1. 小学五年保留率

小学五年教育巩固率作为义务教育巩固率的衍生指标,指小学毕业班学生数占该年级入小学一年级时学生数的百分比,可用于国际比较和分析。小学五年教育巩固率=小学毕业班学生数/该年级入小学一年级时学生数×100%。该指标提供义务教育阶段学生变动情况的综合信息,能够监测义务教育的内部效益,可作为教育质量类指标。数据来源于教育事业统计数据。该指标值高说明更多学生完成了义务教育阶段教育,义务教育的巩固水平高,可作为衡量义务教育质量的重要参考。该指标使用范围:国家级。需要特别指出的是,该指标测算时需要分离出学生休学、复学、复读、转学等因素的影响,因此具体计算时要基于学生年度变动数据进行一定的推算。该指标建议适用于国家级,若省级作为参考用,在上述因素的基础上还需要充分考虑学生地区间流动的影响。

从全国及部分区域的整体情况看,2015—2020年,全国、长江经济带和长三角的小学五年教育巩固率都在稳步上升,京津冀区域是先降后升,东部平均水平则先升后降。

图6-2 部分区域小学五年教育巩固率变化

世界银行发布的《世界发展指标》(World Development Indicators)中包含小学最后一年保留率(Persistence to last grade of primary),指的是小学一年级入学的学生中读到最后一年的比例,与我们统计的小学五年教育巩固率基本一致。国际上将其视为衡量教育效率的一个指标。目前,该数据基本只更新到2018年。从国际比较看,2018年,我国的小学五年教育巩固率已经远高于世界平均水平,高出18.24个百分点,也高于OECD成员国和欧盟地区平均水平。同时,我国的小学五年教育巩固率略低于芬兰、新加坡等国家,这些发达国家基本在2016年其小学五年教育巩固率已经达到99%以上。然而,2016—2019年,我国的小学五年教育巩固率提升幅度是表6-3中所有地区和国家中最大的。

表6-3 世界及部分主要地区与国家的小学五年教育巩固率

	2016年	2017年	2018年	2019年	2020年
全世界	79.73%	81.73%	80.60%	82.64%	82.66%
东亚环太平洋地区	94.17%	94.41%	95.56%	95.82%	95.76%
欧盟	97.65%	98.03%	98.16%	98.18%	98.25%
OECD成员国	96.32%	95.92%	95.96%		
芬兰	99.81%	99.64%	99.58%	99.49%	
新加坡	99.14%	99.39%	99.49%	99.59%	
高收入国家	93.67%	94.75%	94.79%	94.80%	94.70%
中高收入国家	92.51%	92.47%	93.67%	93.85%	93.79%
中国	93.82%	97.09%	98.84%	99.90%	99.79%

数据来源：UIS.

2. 九年义务教育巩固率

九年义务教育巩固率是《中国教育监测与评价统计指标体系（2020年版）》《中国教育现代化2035》的监测点。从全国及部分区域的整体情况看，长三角九年义务教育巩固率处于全国及各区域的较低水平，2017—2019年都处于全国及各区域最低水平。2020年，长三角九年义务教育巩固率为86.3%，比最高的东部地区平均水平低6.1个百分点。全国和东部地区的九年义务教育巩固率都有较大幅度的提升，京津冀和长三角区域则有升有降，原因可能是地区相对发达，义务教育阶段学生的流动性相对较大。2020年，我国九年义务教育巩固率为95.2%。从国际比较看，2020年，我国的初中教育完成率已经远高于世界平均水平，且超过中高收入国家平均水平。

图6-3 全国义务教育规模及九年义务教育巩固率

数据来源：2020年全国教育事业统计主要结果[EB/OL].（2021-03-01）[2022-10-21]. http://www.moe.gov.cn/jyb_xwfb/gzdt_gzdt/s5987/202103/t20210301_516062.html.

表6-4 世界及部分主要地区与国家的初中教育完成率

	2016年	2017年	2018年	2019年	2020年
全世界	74.80%	75.20%	75.60%	76.10%	76.50%
东亚和东南亚	85.90%	86.30%	86.70%	87.20%	87.60%
芬兰	100%	100%	100%	100%	100%
日本	93.70%	93.90%	94.10%		
高收入国家	97.10%	97.20%	97.20%	97.30%	97.40%
中高收入国家	86.10%	86.70%	87.20%	87.80%	88.20%
中国	90.58%	89.60%	90.00%	90.40%	90.80%

数据来源：UIS.

3. 高中阶段教育毛入学率

高中阶段教育毛入学率，是指高中阶段在校生（不考虑年龄）占15—17岁年龄组人口数的百分比。根据《2021年全国教育事业发展统计公报》数据，2021年我国高中阶段教育毛入学率为91.4%，比上年提高0.2个百分点。从国际比较看，根据UIS的数据，2020年，高收入国家高中阶段教育毛入学率平均为107.88%，中高收入国家高中阶段教育毛入学率平均为85.42%；从世界均值来看，2020年全球高中阶段教育毛入学率平均为68.70%，西欧和北美地区平均为107.71%，欧盟的高中阶段教育毛入学率为110.7%。从具体国家来看，2020年美国高中阶段教育毛入学率为98.07%，英国为118.23%，韩国为95.10%，德国为96.42%，法国为108.38%，日本为103.63%（2019年）。由此来看，我国2021年的高中阶段教育毛入学率已经超过了中高收入国家平均水平。

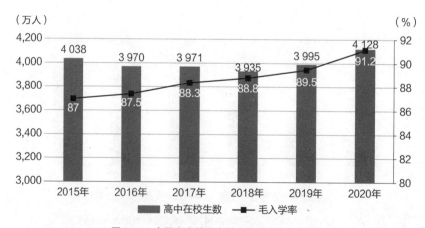

图6-4 全国高中阶段在校生规模及毛入学率

数据来源：2020年全国教育事业统计主要结果［EB/OL］.（2021-03-01）［2022-10-21］.http://www.moe.gov.cn/jyb_xwfb/gzdt_gzdt/s5987/202103/t20210301_516062.html.

4. 学前教育毛入园率

2021年,全国共有幼儿园29.48万所,比上年增加3 117所,增长了1.07%。其中,普惠性幼儿园24.47万所,比上年增加1.06万所,增长了4.55%,占全国幼儿园比例的83.00%。学前教育毛入园率,是指学前教育在园(班)幼儿数(不考虑年龄)占3—5岁年龄组人口数的百分比。根据《2021年全国教育事业发展统计公报》数据,2021年我国学前教育毛入园率为88.1%,比上年提高2.9个百分点。从国际比较看,根据UIS的数据,2020年,高收入国家学前教育毛入园率平均为83.8%,中高收入国家学前教育毛入园率平均为77.95%;从世界均值来看,2020年全球学前教育毛入园率平均为60.68%,北美和欧洲地区的平均值为85.84%,欧洲的学前教育毛入园率为93.80%。由此看来,2021年我国的学前教育毛入园率已经超过了高收入国家的平均水平。

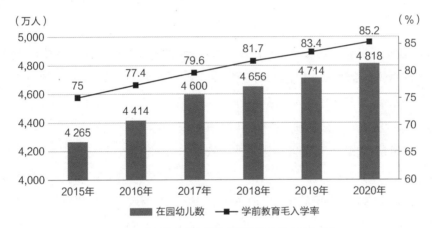

图6-5 全国幼儿园在园幼儿数及学前教育毛入学率

数据来源:2020年全国教育事业统计主要结果[EB/OL].(2021-03-01)[2022-10-21].http://www.moe.gov.cn/jyb_xwfb/gzdt_gzdt/s5987/202103/t20210301_516062.html.

5. 高等教育毛入学率

根据《2021年全国教育事业发展统计公报》,2021年我国共有高等学校3 012所。其中,普通本科学校1 238所(含独立学院164所)。各种形式的高等教育在学总规模4 430万人,比上年增加247万人。高等教育毛入学率57.8%,比上年提高3.4个百分点。

从国际比较来看,根据UIS的数据,2020年,高收入国家高等教育毛入学率平均为79.56%,中高收入国家高等教育毛入学率平均为58.00%;从世界均值来看,2020年全球高等教育毛入学率平均为40.32%,北美和欧洲地区的平均值为80.45%,欧洲的高等教育毛入学率为76.54%。由此来看,2021年我国的高等教育毛入学率已经基本达到中高收入国家的平均水平。

从以上数据指标来看,"十三五"时期,尤其是党的十八大以来,我国在幼有所育、学有所教

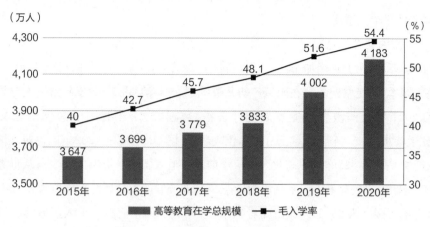

图 6-6 全国高等教育在学总规模及毛入学率

数据来源：2020年全国教育事业统计主要结果[EB/OL]. (2021-03-01)[2022-10-21]. http://www.moe.gov.cn/jyb_xwfb/gzdt_gzdt/s5987/202103/t20210301_516062.html.

上持续用力，建成了世界上规模最大的教育体系，教育普及水平实现历史性跨越。目前，我国教育普及程度总体上稳居全球中上收入国家行列，其中义务教育和学前教育普及程度达到高收入国家平均水平，高等教育进入国际公认的普及化阶段。①

6. 各级教育生均一般公共预算教育经费增长情况

"十三五"时期，党中央、国务院始终坚持把教育作为支撑国家长远发展的基础性、战略性投资，予以优先保障和重点投入，明确提出"一个不低于、两个只增不减"要求（保证国家财政性教育经费支出占国内生产总值的比例一般不低于4%，确保财政一般公共预算教育支出逐年只增不减，确保按在校学生人数平均的一般公共预算教育支出逐年只增不减）。按照"两个只增不减"要求，在教育经费投入总量实现翻番的同时，我国教育生均经费水平同样实现历史性跨越，生均财政保障水平大幅提高。从2016—2019年财政教育投入情况看，全国生均一般公共预算教育支出逐年做到了"只增不减"。2019年各级教育按在校学生人数平均的一般公共预算教育支出分别达到幼儿园8 615元、普通小学11 949元、普通初中17 319元、普通高中17 821元、中职学校17 282元、普通高校23 453元，年均增幅分别为12.8%、5.6%、6.6%、9.4%、6.8%、4.8%。②

2021年全国按在校学生人数平均的一般公共预算教育支出分别达到幼儿园9 506元、普通小学12 381元、普通初中17 772元、普通高中18 809元、中职学校17 095元、普通高等学校22 586元，分别是2011年的3.3倍、2.2倍、2.4倍、2.5倍、2.1倍、1.5倍。其中，幼儿园年均

---

① 怀进鹏. 为全面建设社会主义现代化国家贡献强大教育力量[N]. 光明日报，2022-11-30(4).
② 教育部财务司. 持续巩固4%成果 将教育优先发展战略落到实处——关于"十三五"时期教育投入有关情况的介绍[EB/OL]. (2020-12-01)[2023-04-11]. http://www.moe.gov.cn/fbh/live/2020/52692/sfcl/202012/t20201201_502587.html.

增长12.6%,在各教育阶段中增幅最高、增速最快;普通小学年均增长8.3%;普通初中年均增长8.9%;普通高中年均增长9.8%,增幅仅次于幼儿园,支出水平仅次于普通高校;中等职业学校,年均增长7.9%;普通高校尽管年均增速最低,为4.1%,但支出水平最高,超过2万元。①

表6-5 2020年生均政府教育经费支出占人均GDP的比例

	幼儿园	小学	初中	高中	高等教育
中国	13.0%	17.0%	24.6%	25.8%	30.9%
美国	12.7%	20.4%	21.7%	23.5%	22.6%
英国	8.3%	22.8%	22.1%	22.2%	37.1%
澳大利亚	12.5%	20.1%	20.1%	13.3%	15.6%
加拿大		17.5%		24.5%	28.2%
芬兰	20.3%	20.9%	33.4%	19.5%	28.2%
法国	18.2%	18.2%	22.7%	28.0%	29.3%
德国	18.8%	18.7%	23.0%	26.6%	32.4%
匈牙利	20.6%	21.2%	18.5%	19.7%	25.8%
日本	12.7%	21.1%	24.9%	23.2%	20.3%
新加坡		16.6%	46.4%		21.8%
韩国	17.0%	29.3%	34.4%	38.0%	14.2%

数据来源:UIS.

不同教育阶段生均政府教育经费支出占人均GDP的比例结构可以作为分析政府对不同教育阶段投入的重视和努力程度的重要指标。生均政府教育经费支出占人均GDP的比例是判断一个国家或地区政府对教育经费保障水平的国际通用指标。根据UIS关于教育可持续发展指标监测数据库的相关数据,通过与欧盟、日韩等教育发达国家的比较发现,我国生均政府经费支出占人均GDP的比例在幼儿园阶段处于中等水平,在小学教育阶段处于较低的水平,初中和高中阶段也处于中等水平。相比而言,我国在高等教育阶段来自政府经费的生均支出占人均GDP的比例则处于较高的位次。整体上看,我国生均政府教育经费支出占人均GDP的比例在高等教育阶段明显较高,但在幼儿园、小学阶段则处于相对较低水平。

---

① 教育部. 我国生均财政保障水平大幅提高[EB/OL]. (2022-09-27)[2022-10-21]. https://m.gmw.cn/baijia/2022-09/27/1303156662.html.

7. 劳动年龄人口平均受教育年限

劳动年龄人口平均受教育年限指16—59岁人口平均接受学历教育(含成人学历教育、不含非学历培训)的年数。设置该指标,能够客观反映劳动者素质,有利于引导增加公平而有质量的公共教育服务,持续提高人力资本水平,更好地支撑产业转型升级。"十三五"时期,我国劳动年龄人口平均受教育年限从10.2年增至10.8年。《中国教育现代化2035》提出2035年达到12年的目标,未来15年需提高1.2年,平均每五年提高0.4年。2021年教育事业统计数据结果显示,我国劳动年龄人口的平均受教育年限为10.9年。

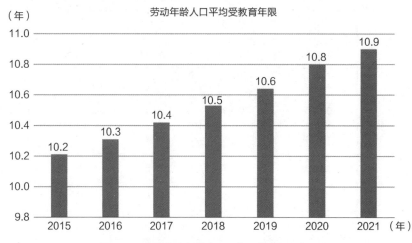

图6-7 我国劳动年龄人口平均受教育年限变化

国际比较数据表明,部分发达国家25岁及以上年龄人口获得的平均受教育年限已经达到13年甚至14年的水平,与之相比,长三角的劳动年龄人口平均受教育年限仍有很大的提升空间。

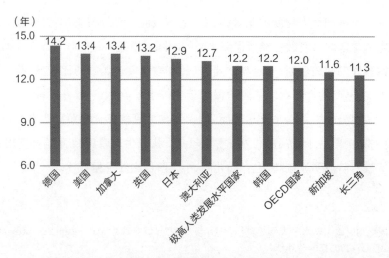

图6-8 劳动年龄人口平均受教育年限国际比较

8. 按教育水平划分的学生与教师比例

根据《2021年全国教育事业发展统计公报》数据，2021年，我国小学阶段教育专任教师660.08万人，生师比为16.33∶1，专任教师学历合格率[①]99.98%，专任教师中本科以上学历比例70.30%。初中阶段教育专任教师397.11万人，生师比12.64∶1，专任教师学历合格率99.91%，专任教师中本科以上学历比例90.05%。普通高中教育专任教师202.83万人，生师比12.84∶1，专任教师学历合格率98.82%。中等职业教育专任教师69.54万人，生师比18.86∶1，专任教师中本科以上学历比例93.57%。高等教育专任教师188.52万人，其中，普通本科学校126.97万人，本科层次职业学校2.56万人，高职(专科)学校57.02万人。普通本科学校生师比[②]17.90∶1，本科层次职业学校生师比19.38∶1，高职(专科)学校生师比19.85∶1。2020年，我国幼儿园生师比为16.5∶1。

从国际比较来看，在学前教育阶段，根据UIS的数据，2020年，高收入国家学前教育阶段生师比为15.7∶1；北美和欧洲地区的平均值为13.58∶1。

在小学阶段，2020年，高收入国家小学阶段生师比为14.68∶1，从世界均值来看，2020年全球小学阶段生师比为26.16∶1，北美和欧洲地区的平均值为15.09∶1；欧洲地区小学阶段生师比为15.13∶1(2019年)。在初中阶段，2020年，高收入国家初中阶段生师比为14.80∶1，从世界均值来看，2020年全球初中阶段生师比为19.66∶1，北美和欧洲地区的平均值为14.77∶1。在高中阶段，2020年，高收入国家高中阶段生师比为13.74∶1，从世界均值来看，2020年全球高中阶段生师比为19.00∶1，北美和欧洲地区的平均值为14.11∶1。

从以上国际数据来看，我国幼儿园生师比与高收入国家平均水平基本接近。我国小学阶段的生师比与高收入国家、北美和欧洲地区的均值相比，还有改善的空间。在初中阶段的生师比明显优于高收入国家、北美和欧洲地区的表现。在普通高中阶段的生师比与高收入国家、北美和欧洲地区相比也有一定的优势。

9. 教师的平均工资占人均GDP的比例

从我国教师与其他行业的薪资对比中发现，近年来，教师薪资收入大幅增加，从19个常见行业的中下水平提升到了中上水平。2003年，我国教育行业城镇人员平均年工资为14189元，2017年这一数字增长为83412元，是2003年的5.88倍。在此期间，教育行业薪资在十九个行

---

① 专任教师学历合格率，是指某一级教育具有国家规定的最低学历要求的专任教师数占该级教育专任教师总数的百分比。各级教育教师的最低学历要求，参照《中华人民共和国教师法》中的相关规定：取得小学教师资格，应当具备中等师范学校毕业及其以上学历；取得初级中学教师、初级职业学校文化、专业课教师资格，应当具备高等师范专科学校或者其他大学专科毕业及其以上学历；取得高级中学教师资格和中等专业学校、技工学校、职业高中文化课、专业课教师资格，应当具备高等师范院校本科或者其他大学本科毕业及其以上学历。

② 高等教育学校生师比，是指折合在校生与专任教师之比。不包括高等教育学校附设其他层级教育教学班的学生和专任教师。

业中的排名从第 12 名跃升到了第 7 名,成为收入中等偏上的行业。

2019 年 6 月,福布斯发布了总部位于新加坡的消费研究机构 ValueChampion 的一份关于亚太地区中学教师收入的调查报告。该调查报告收集了亚太地区 14 个国家和地区(加上美国和法国,共 16 个)中学和高中教师平均收入的数据,与西方国家进行比较。ValueChampion 特别比较了教师平均薪酬与各国人均 GDP 的比值,以便更好地反映教师收入与社会行业收入的差距。调查发现,大多数国家和地区,教师收入占比和人均 GDP 相当;韩国、泰国、印度等国家的教师人均收入占人均 GDP 的比例超过 160%,高于平均值。这表明他们的收入超过普通人;越南和中国的教师人均收入占人均 GDP 的比例徘徊在 70% 左右,表明收入偏低。需要指出的是,在这份调查报告中,ValueChampion 搜集的 16 个国家和地区的高中或中学教师的平均收入数据大部分信息来自职业相关网站,如 Glassdoor、JobSalary 和 Payscale。此外,这份报道也参考了 OECD、联合国教科文组织等的研究。人均 GDP 的数据来源于国际货币基金组织 2018 年数据。① 由此而言,本书对教师收入水平进行国际比较的方法具有启示和借鉴意义,但鉴于数据来源的非官方渠道,比较结果仅作参考。

表 6-6 中学教师年均收入占人均 GDP 的比例

国家/地区	教师工资(美元)	人均 GDP(美元)	工资收入占人均 GDP 的百分比(%)
韩国	54 740	31 346	175
印度	3 525	2 036	173
泰国	11 850	7 187	165
日本	51 593	39 306	131
菲律宾	3 844	3 104	124
新西兰	47 589	41 267	115
澳大利亚	59 568	56 352	106
马来西亚	11 120	10 942	102
中国香港	48 531	48 517	100
印尼	3 834	3 871	99
中国台湾	23 846	24 971	95
美国	59 170	62 606	95
法国	37 450	42 878	87

---

① ValueChampion Singapore. Where Are Teachers Paid the Most & the Least Compared to Other Professions in Asia? [EB/OL]. (2019-06-24)[2023-03-08]. https://www.valuechampion.sg/where-are-teachers-paid-most-least-compared-other-professions-asia.

续表

国家/地区	教师工资(美元)	人均GDP(美元)	工资收入占人均GDP的百分比(%)
新加坡	50 331	64 041	79
中国大陆	7 273	9 608	76
越南	1 799	2 551	71
平均线			110

数据来源：Where Are Teachers Paid the Most & the Least Compared to Other Professions in Asia? [EB/OL]. https://www.valuechampion.sg/where-are-teachers-paid-most-least-compared-other-professions-asia.

2020年，全国小学教职工工资年均收入为11.1万元，比2015年提高了4.4万元，增长66.3%。全国初中教职工工资年均收入为11.6万元，比2015年提高了4.7万元，增长68.8%。全国幼儿园教职工工资收入在2015—2019年实现了逐步增长，2020年与2019年基本持平。2020年，全国幼儿园教职工工资平均收入为7.6万元，比2015年提高了2.5万元，增长48.2%。全国普通高中教职工工资收入水平保持了较快增长。2020年，全国普通高中教职工工资年均收入为12.5万元，比2015年提高了4.9万元，增长64.4%。《2020年国民经济和社会发展统计公报》显示，2020年，全年人均国内生产总值约为7.2万元人民币，比上年增长2.0%。由此计算，2020年我国幼儿园教职工工资年均收入占人均GDP的比例为106%，小学教师职工工资年均收入占人均GDP的154%，初中教职工工资年均收入占人均GDP的161%，普通高中教职工工资年均收入占人均GDP的174%。可以说，近年来我国教师工资收入有了明显的改善。但与欧美等发达国家相比，我国教师的工资收入水平还存在一定的改善空间。

10. 过去12个月内接受过在职培训的教师百分比

由经济合作与发展组织研发实施的2018"教师教学国际调查(TALIS)"的结果显示，专业发展已经成为教师职业生涯结构中不可或缺的强制性组成部分，并且具有明显的持续性特征。在OECD国家和经济体中，平均有94%的教师报告在调查前的12个月至少参加了一种类型的专业发展活动。而上海的多个"全球第一"备受瞩目。其中，上海有83.1%的教师参加过正式的入职培训，在所有国家(地区)中比例最高；上海学校100%提供"带教活动"，在所有国家(地区)中属于唯一；上海教师过去12个月专业发展活动参与率达99.3%，是比例最高的国家(地区)，且参与的专业发展活动类型最多，达6.4种，OECD均值为3.9种。[1][2] 目前，我国已经建立了较为完善的教师专业发展长效机制。我国自2010年起启动中小学幼儿园教师国家级培训计划(国培计划)，已形成国家、省、市、县区、学校五级培训体系，基本实现了对义务教育学校

---

[1] 全球800万教师参与调查，上海教师有一项指标位居第一[EB/OL]. (2019-06-19)[2023-03-11]. https://www.thepaper.cn/newsDetail_forward_3717579.
[2] 上海教师TALIS调查多项指标世界第一"秘诀"是什么？[EB/OL]. (2019-07-04)[2022-11-03]. https://www.gov.cn/xinwen/2019-07/04/content_5406345.htm.

和教师培训的全覆盖。在"国培计划"引领带动下,中西部很多地区教师培训实现了质的飞跃,教师专业化水平显著提升,积累了"跟岗"、混合研修等切实有效的经验。① 此外,从国家政策设计来看,都强调了对教师专业发展的重视和支持。如教育部、中央宣传部、中央编办、国家发展改革委、财政部、人力资源社会保障部、住房和城乡建设部、国家乡村振兴局八部门印发的《新时代基础教育强师计划》提出,要"构建开放、协同、联动的高水平教师教育体系,建立完善的教师专业发展机制,形成招生、培养、就业、发展一体化的教师人才造就模式"。教育部等印发的《义务教育质量评价指南》也提出要进一步加强教师队伍建设和专业发展。中共中央、国务院印发的《关于全面深化新时代教师队伍建设改革的意见》是教师队伍建设的里程碑,其中也明确提出"开展中小学教师全员培训,促进教师终身学习和专业发展"。教育部印发的《中小学幼儿园教师培训课程指导标准(义务教育语文、数学、化学学科教学)》,提出要进一步规范和指导各地分类、分科、分层实施五年一周期的教师全员培训。为完善五年一周期的教师全员培训制度,促进教师专业发展,2016年教育部发布的《关于大力推行中小学教师培训学分管理的指导意见》提出,"严格落实教师培训学分作为教师资格定期注册必备条件,每个注册有效期内,教师须完成省级教育行政部门规定的培训学分,方能注册合格"。同时,将教师培训学分作为教师职称评聘、绩效考核、评优评先的必备条件;将教师培训学分管理纳入学校办学水平评估、校长考评和县级教育督导的指标体系。② 应该说,国家政策设计和教师专业发展长效机制的不断完善,保证了我国教师,尤其是中小学教师接受在职培训的高百分比。

(三)2020年长三角已完成《中国教育现代化2035》预期目标的9成以上

长三角作为国家教育现代化发展引领区、高质量发展样本区、一体化发展示范区、新时代改革开放新高地和发展强劲活跃的增长极,对照国家教育现代化2035年的预期目标,2020年已经实现了96.8%的总体目标达成度,即长三角2020年已总体接近,并可大幅提前达成国家2035年的教育现代化预期目标。

在《中国教育现代化2035》战略规划的8个有统计数据支撑指标中,目前,新增劳动力中受过高中及高等教育的比例、九年义务教育巩固率已提前达到国家2035年的目标要求;除学前教育教师接受专业教育的比例之外,高中阶段教育毛入学率、学期教育毛入园率、高等教育毛入学率、劳动年龄人口平均受教育年限、义务教育专任教师本科及以上学历比例等指标,均达到90%以上的达成度。长三角教育相关领域和环节在全国教育现代化发展中的优异表现,充分反映了其在全国区域教育现代化发展格局中的先行地位。

对照国家层面的2035年预期目标,2020年,上海、江苏、浙江和安徽的总体平均目标达成

---

① 余庆.建立长效机制 让"去基层任教"热起来[N].光明日报,2022-09-13(14).
② 教育部关于大力推行中小学教师培训学分管理的指导意见[EB/OL].(2016-12-29)[2022-09-10]. http://www.moe.gov.cn/srcsite/A10/s7034/201612/t20161229_293348.html.

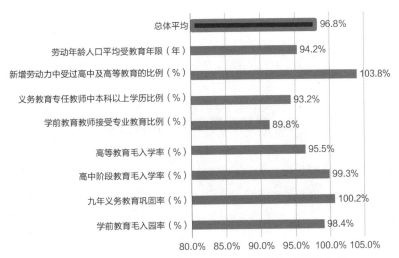

图6-9 长三角对照《中国教育现代化2035》预期目标的达成度

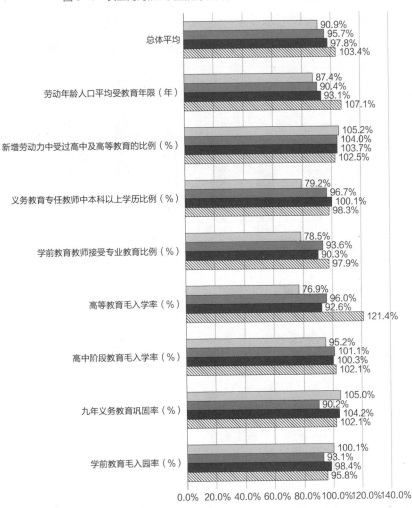

图6-10 长三角一市三省对照《中国教育现代化2035》预期目标的达成度

第六章 初步监测结果及分析

度分别为 103.4%、97.8%、95.7% 和 90.9%,即长三角一市三省相对于国家 2035 年的教育现代化主要预期目标已提前 15 年达到了 9 成以上,充分反映了一市三省相对于全国教育现代化发展目标的提前完成程度。

二、全国教育现代化指数分析

按照本书提出的教育现代化指数分析模型和计算方法,需要对参与计算的指标/监测点数据进行标准化处理以及标准化数据的合成归一化运算,从而形成全国、不同区域、不同省份乃至不同类型国家的指数。

(一) 全国教育现代化指数

选择目前可以获得数据的 21 个指标/监测点,采用 2020 年的统计数据或第三方数据,获得 2020 年全国教育现代化指数为 48.3,比 2015 年的 41.0 提高了 17.8%。2015—2020 年,全国教育现代化指数实现了逐年提高,反映了我国推进教育现代化的发展成就。

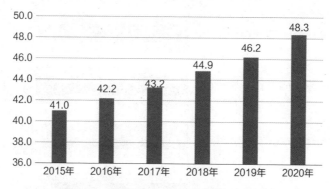

图 6-11 全国教育现代化指数及增长变化情况

(二) 全国不同区域及各地的教育现代化指数

同样选择目前可以获得数据的 21 个指标/监测点,采用 2020 年的统计数据或第三方数据,获得 2020 年全国不同区域及各地的教育现代化指数。2020 年在全国部分省市中,北京、上海教育现代化指数分别为 72.0 和 66.9,处于全国部分区域和各地的前列,且领先优势明显。北京、上海、江苏、浙江教育发展指数均在 60 以上,排在前列,反映了北京、上海、江苏和浙江在全国教育发展中的优势和领先位次。2015—2020 年,排在全国前列的一直是北京、上海、江苏、浙江和天津,6 年来这一基本格局没有发生变化。

2020 年,各地教育发展指数较高、排在全国第一方阵的东部地区和西部地区省份分别有 8 个和 2 个,中部地区没有省份进入全国第一方阵。东部地区 11 个省份中有 8 个处于全国第一方阵,中部地区 8 个省份中有 6 个处于全国第二方阵;西部地区 12 个省份中有 4 个处于第二方阵、6 个处于第三方阵。

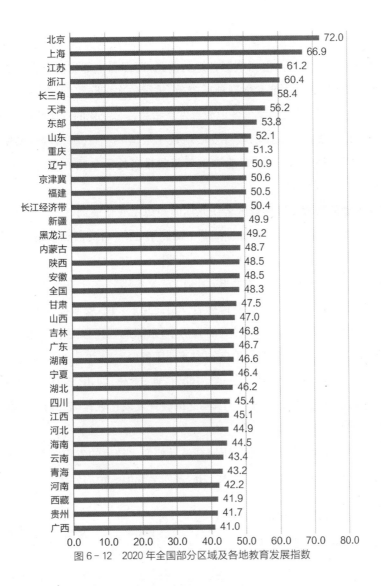

图 6-12 2020年全国部分区域及各地教育发展指数

表 6-7 2020年全国各地教育发展指数在全国三个方阵中的分布

	东部地区							中部地区					西部地区						
第一方阵	北京	上海	江苏	浙江	天津	山东	辽宁	福建					重庆	新疆					
第二方阵	广东							黑龙江	安徽	山西	吉林	湖南	湖北	内蒙古	陕西	甘肃	宁夏		
第三方阵	河北	海南							江西	河南			四川	云南	青海	西藏	贵州	广西

注：这里的各地教育现代化指数运算仅仅采用了部分数量化指标（21个监测点），没有反映抽样调查指标和各地的统计指标，因此，这个结果只能算是检验监测评估方法的一个过程，而不是可以对外发布的最终结果。

（三）各地教育发展指数的变化与特点

同样选择目前可以获得数据的21个指标/监测点，采用2020年的统计数据或第三方数据,获得各地教育现代化指数的变化情况。2015—2020年,从全国各地教育发展指数的排名及变化看,东部沿海发达地区省份占据全国各地的前列,西部和中部省份排在后面,而排行位次提升幅度较大的主要是部分西部和中部地区省份,排行位次下降幅度较大的省份包括部分中部、东部和西部省份。整体而言,全国各地教育发展指数排名变化的具体特点如下。

北京、上海、江苏、浙江和天津的教育发展指数在全国31个省级行政区域中位列前5位,且2015—2020年排行格局保持不变。教育发展指数排名处于全国前列的5个省市均位于东部沿海发达地区。

山西、河南两地的教育发展指数排名在此期间经历了变化波动,但2020年的位次与2015年相比没有变化。具体而言,山西在此期间曾下降到第22位后又回到了第16位,而河南曾上升到第24位后又回到了28位。两省均属于中部地区。

教育发展指数排名得到提升的有重庆、甘肃、安徽、湖南、云南、山东、宁夏、江西、青海、西藏和黑龙江等11个省份,其中,重庆、甘肃排名分别提升了6位,安徽提升了5位,湖南、云南分别提升了4位。在所有排行位次有所提升的省份中,东部地区只有山东,其他均为中西部地区省份;此外,提升幅度较大的均为西部地区和中部地区省份。

教育发展指数排名发生下降的有湖北、河北、广西、贵州、四川、吉林、陕西、内蒙古、福建、辽宁、海南、广东和新疆等13个省份,其中,湖北的教育发展指数排名下降了7位,河北下降了6位,广西、贵州分别下降了5位。

总体来看,教育发展指数排名上升、下降或波动幅度比较大的省份多数为中、西部地区,这一特点突出反映了中、西部地区教育在"十三五"期间呈现出一定的分化。

表6-8 2015—2020年全国各地教育现代化指数排名及变化

	2015年	2016年	2017年	2018年	2019年	2020年
北京	1	1	1	1	1	1
上海	2	2	2	2	2	2
江苏	3	3	3	3	3	3
浙江	4	4	4	4	4	4
天津	5	5	5	5	5	5
山东	8	7	9	6	6	6
重庆	13	13	7	10	7	7
辽宁	6	6	6	7	8	8
福建	7	8	8	9	10	9
新疆	9	11	15	8	9	10
黑龙江	12	12	13	13	11	11

续表

	2015年	2016年	2017年	2018年	2019年	2020年
内蒙古	10	9	11	11	12	12
陕西	11	10	10	12	14	13
安徽	19	18	17	15	15	14
甘肃	21	20	21	18	13	15
山西	16	18	22	16	17	16
吉林	15	16	16	14	16	17
广东	17	15	12	19	18	18
湖南	23	23	23	23	20	19
宁夏	22	22	20	20	23	20
湖北	14	14	14	17	19	21
四川	20	21	19	22	21	22
江西	27	30	25	26	25	23
河北	18	17	18	21	22	24
海南	24	27	30	29	28	25
云南	30	29	26	27	27	26
青海	29	25	28	24	24	27
河南	28	26	24	25	26	28
西藏	31	31	27	30	30	29
贵州	25	24	29	28	29	30
广西	26	28	31	31	31	31

（四）各地教育发展指数与其他重要排名比较

多视角的综合分析结果表明，我国各地教育现代化指数排名与其他一些重要排名在各自全国排名第一方阵中的前10位中，均有60%—70%的省份重合，一定程度上反映了教育现代化指数排名与其他主要排名的相关关系。不可否认，教育现代化发展涉及的要素量大而广、内部领域环节交错、外部影响因素众多、对应关系复杂多变，单一的经济、社会、科技、财政等方面因素并不能直接决定教育的发展水平，促进各地教育发展需要协同多方面力量共同推进。

2020年，与全国各地教育发展指数排在全国第一方阵的前10个省份相对应，有8个省份在全国人均GDP排名[①]中也分布在第一方阵，表明两个数据排名高度契合。另外，从各地教育发展指数排名和人均GDP排名的相关关系分析结果看，两个排名数值的相关性较强，即人均GDP水平较高的地方，教育发展水平也较高，人均GDP较低的地方也难以支撑高水平的教育发展。

---

① 数据来源为国家统计局。

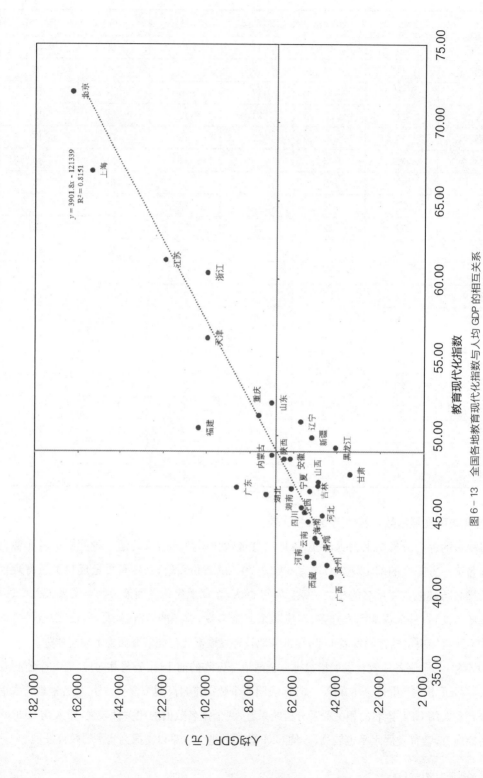

图 6-13 全国各地教育现代化指数与人均 GDP 的相互关系

2020年,在全国各地教育发展指数排名全国第一方阵的前10个省份中,有7个省份在全国各地人类发展指数排名①中也分布在第一方阵,表明两个数据排行重合度较高。另外,从各地教育发展指数排名和人类发展指数排名的相关关系分析结果看,两个排名数值的相关性较强,表明人类发展指数水平较高的地方,教育发展的水平也较高,人类发展指数较低的地方也很难有高水平的教育发展。实际上,人类发展指数与教育发展指数存在明显的相关性并非出乎意料,而是在情理之中,甚至可以说二者之间必然存在明显的相关关系。这是由人类发展指数的指标构成所决定的。根据人类发展指数的构成和计算公式,受教育年限(包括预期受教育年限和平均受教育年限)是构成人类发展指数的四个指标之一。②故此,教育发展指数和人类发展指数之间必然存在较为明显的相关关系。

2020年,在排名全国各地教育发展指数全国第一方阵的前10个省份中,有6个省份也分布在全国各地创新创业指数排名③的第一方阵,两个排名中前10个省份的重合度为60%。另外,从各地教育发展指数排名和创新创业指数排名的相关关系分析结果来看,两个排名数值的相关性并不是很强。一方面,这表明一些地方虽教育发展水平较高,但并不一定有高水平高质量的创新创业,因为创新创业有很多的影响因素;另一方面,创新创业的高水平高质量,也不一定对教育发展都能带来有力的提升和推动。

2020年,对应全国各地教育发展指数排名在全国各地第一方阵的前10个省份,分别有6个省份也排在各自区域创新能力④以及人均地方教育支出⑤的全国排名第一方阵,排名前10的省份重合度均为60%。另外,从各地教育发展指数排名和区域创新能力排名、地方人均教育支出排名的相关关系分析结果来看,教育发展指数与区域创新能力之间有较为明显的正相关关系,说明区域创新能力较强的地方教育发展水平也较高。实际上,从全球发展的实际情况与经验来看,科技创新能力较强的国家(地区),通常也是教育发展水平较高的国家(地区),即区域教育发展水平和创新能力之间存在互为促进的相关关系。

此外,从各地教育发展指数排名和人均地方教育支出排名的相关关系分析结果来看,两个排名数值的相关性并不明显,甚至可以说二者不存在相关性。鉴于不同地区教育经费投入和

---

① 数据来源为联合国开发计划署、清华大学中国发展规划研究院、国家信息中心联合发布的《中国人类发展报告特别版——历史转型中的中国人类发展40年:迈向可持续未来》。
② UNDP. Human Development Report 2020[EB/OL]. (2020-11-15)[2022-12-01]. http://hdr.undp.org/sites/default/files/hdr2020_cn.pdf.
③ 数据来源为《中国区域创新创业指数排行榜》(北京大学中国发展研究院、中商产业研究院)。
④ 数据来源为《中国区域创新能力评价报告》。该报告是在科技部支持下,由中国科技发展战略研究小组联合中国科学院大学中国创新创业管理研究中心编写,已连续发布22年,是国内权威的区域发展评价报告。该报告建立了四级指标体系作为主要评价方法,其中一级指标5个("企业创新""创新绩效""知识创造""知识获取""创新环境")、二级指标20个、三级指标40个、四级指标138个,反映着企业创新、基础研究与原始创新、成果转化、创新格局等方方面面。
⑤ 数据来源为国家统计局。

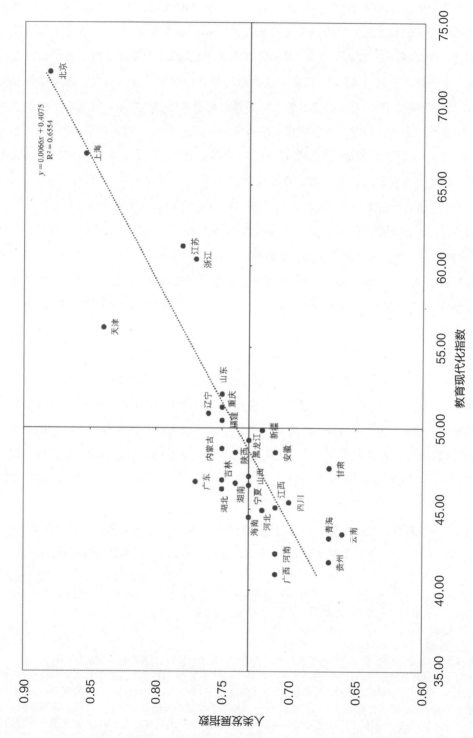

图6-14 全国各地教育现代化指数与人类发展指数的相互关系

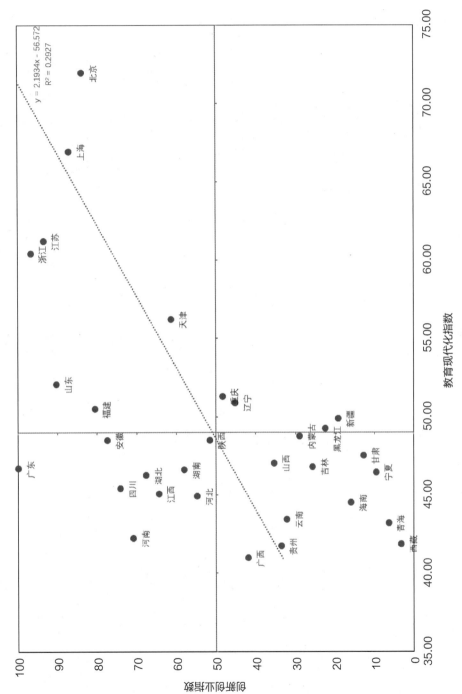

图 6-15 全国各地教育现代化指数与创新创业指数的相互关系

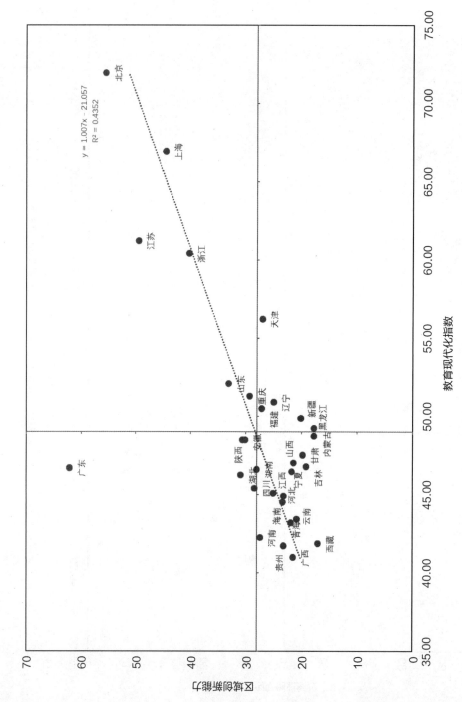

图 6-16 全国各地教育现代化指数与区域创新能力的相互关系

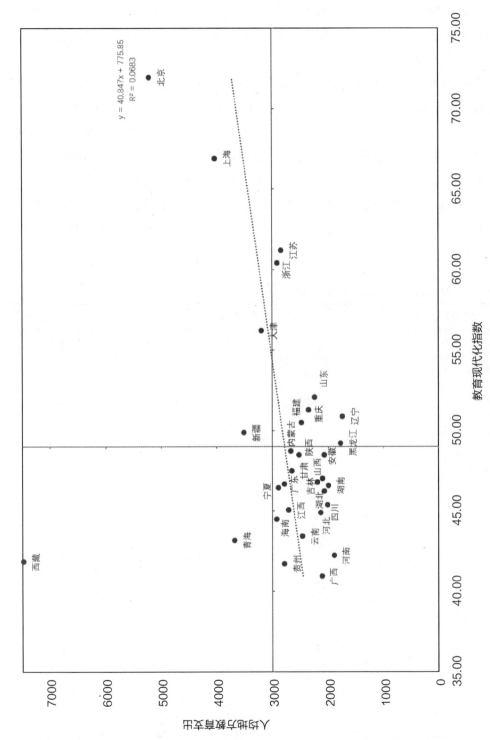

图 6-17 全国各地教育现代化指数与人均地方教育支出的相互关系

人口的差异,导致教育经费投入总量较大的地区并不一定是人均地方教育支出较多的地区,甚至因为人口较多而造成教育经费投入总量多,但人均地方教育支出反而较低,或是地方教育支出总量较少,但由于人口明显稀少,最终呈现人均地方教育支出较多的局面。如西藏、新疆、青海人口较少,导致以上三地人均教育支出处于全国第一方阵,甚至西藏属于全国人均教育支出最多的省份,且大幅高于位于第二的北京。由于存在以上情况,导致整体来看,不同地区的教育发展指数与人均地方教育支出并不存在明显的相关性,甚至可以说二者并不存在相关关系。但需要指出的是,若不考虑西藏的人均地方教育支出和教育发展指数,其余 30 个省级行政区域的教育发展指数和人均地方教育支出之间存在一定的相关性(y=65.922x−631.82,R^2=0.4191)。

由以上分析可见,作为大国,我国不同区域经济社会发展的情况差异很大,且教育发展水平的影响因素很多,各因素之间还可能存在复杂的交互关系,甚至即便是相同的因素,在不同时期、对不同地区教育发展的影响效应也不尽相同,这实际上也充分反映了大国教育发展的复杂性和多样性。

表 6-9　全国各地教育发展指数与其他重要因素排行对照

排名	教育发展指数	人均 GDP	人类发展指数	区域创新能力	创新创业指数	人均地方教育支出
1	北京	北京	北京	广东	广东	西藏
2	上海	上海	上海	北京	浙江	北京
3	江苏	江苏	天津	江苏	江苏	上海
4	浙江	福建	江苏	上海	山东	青海
5	天津	天津	浙江	浙江	上海	新疆
6	山东	浙江	广东	山东	北京	天津
7	重庆	广东	辽宁	湖北	福建	海南
8	辽宁	重庆	内蒙古	安徽	安徽	浙江
9	福建	湖北	山东	陕西	四川	宁夏
10	新疆	山东	吉林	重庆	河南	江苏
11	黑龙江	内蒙古	重庆	四川	湖北	贵州
12	内蒙古	陕西	福建	湖南	江西	广东
13	陕西	安徽	湖北	河南	天津	江西
14	安徽	湖南	陕西	福建	湖南	内蒙古
15	甘肃	辽宁	湖南	天津	河北	甘肃

续表

排名	教育发展指数	人均GDP	人类发展指数	区域创新能力	创新创业指数	人均地方教育支出
16	山西	四川	山西	江西	陕西	陕西
17	吉林	江西	海南	辽宁	重庆	福建
18	广东	河南	黑龙江	海南	辽宁	云南
19	湖南	海南	宁夏	河北	广西	重庆
20	宁夏	宁夏	河北	贵州	贵州	山东
21	湖北	新疆	新疆	青海	山西	吉林
22	四川	西藏	河南	宁夏	云南	河北
23	江西	云南	江西	广西	内蒙古	广西
24	河北	青海	广西	山西	吉林	山西
25	海南	吉林	安徽	云南	黑龙江	湖北
26	云南	山西	四川	新疆	新疆	安徽
27	青海	河北	甘肃	甘肃	海南	四川
28	河南	贵州	青海	吉林	甘肃	湖南
29	西藏	广西	贵州	黑龙江	宁夏	河南
30	贵州	黑龙江	云南	内蒙古	青海	黑龙江
31	广西	甘肃	西藏	西藏	西藏	辽宁

(五) 全国及部分区域的教育发展指数的国际比较

受到数据信息获得途径等因素的影响,国际教育指数的计算和编制选择采用了10个指标、13个监测点及其可比较的数据信息,指标具体是:各级基础教育的生师比、学前教育教师接受专业教育比例、学前教育毛入园率、高中阶段教育毛入学率、每十万人口高等教育在校生人数(高等教育毛入学率)、九年义务教育巩固率(小学五年保留率)、公办幼儿园在园幼儿占比、一般公共预算教育经费占一般公共预算支出的比例、劳动年龄人口平均受教育年限、普通高校外国留学生接受学历教育比例(留学生占在校生的比例)。比较对象除全国之外,还选择了部分省市以及长三角、东部、京津冀、长江经济带等区域。

从国际可比的教育发展指数运算结果看,目前,长三角区域、东部地区、京津冀区域、长江经济带区域、全国平均以及长三角一市三省的教育发展指数均高于中高收入国家平均水平。其中,北京、上海的指数已高于高收入国家平均水平,江苏、浙江已接近高收入国家平均水平,安徽领先中高收入国家平均水平,且同时领先全国平均水平。

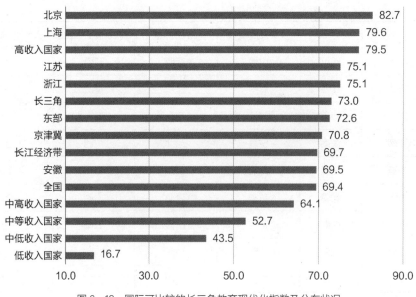

图 6-18 国际可比较的长三角教育现代化指数及分布状况

三、全国部分教育现代化监测点分析

指标(监测点)的多维分析也是监测方法的重要组成部分,在具体应用中可以通过纵向、横向比较以及发展目标的对照分析,立体反映监测点及其对应的达成程度。从实际应用的角度看,各地政府和教育行政部门更关心某一指标或监测点的增长变化及在同类发展水平地区之间的相对地位,并从类比中发现问题,推动精准施策。为检验监测点多维分析方法,本书选择了大中小学学生体质健康优良率、中小幼学校师生比以及大中小学校及幼儿园生均一般公共预算教育支出及城乡区域差距三个指标进行分析。

(一) 大中小学学生体质健康优良率

学生体质健康优良率是指上学年参加国家学生体质健康标准测试成绩为优秀和良好的人数之和占该年级教育上学年参加国家学生体质健康标准测试总人数的百分比。学生体质健康优良率=上学年某一级教育学生体质健康优良学生数/上学年该年级教育参加国家学生体质健康标准测试人数×100%。学生体质健康优良学生数为上学年参加国家学生体质健康标准测试成绩为优秀和良好的人数之和,可监测和评价全国及各地区学生身体素质水平,数据来源于教育事业统计报表。值得注意的是,目前该指标只是对参加国家学生体质健康标准测试学生的分析,可能与各级教育中全体学生的实际情况有所差异。学生体质健康优良率为《中国教育监测与评价统计指标体系(2020年版)》的监测指标,也是《指标体系》中的监测指标。

党和国家确定的重要文件提出了明确的要求和目标。《健康中国行动(2019—2030年)》中明确提出实施中小学健康促进行动,并就行动目标和举措作出部署,即到 2022 年和 2030 年,国家学生体质健康标准达标优良率分别达到 50%及以上和 60%及以上,全国儿童青少年总体近视率力争每年降低 0.5 个百分点以上,新发近视率明显下降。另外,《国务院关于实施健康中国行动的意见》也提出,要把学生体质健康状况纳入对学校的绩效考核,将体育纳入高中学业水平测试。

1. 中小学学生体质健康优良率

全国小学学生体质健康优良率高于目标要求但呈现逐年下降态势。2020 年,全国小学学生体质健康优良率为 57.9%,高于 50%的目标要求。2015—2020 年,全国小学学生体质健康优良率呈现逐步下降态势,而且下降的幅度较大,需要引起各相关方面的高度重视。

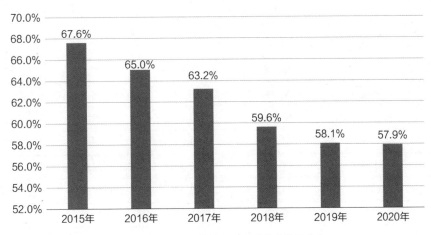

图 6-19　全国小学学生体质健康优良率及变化

全国各地小学学生体质健康优良率存在明显差距。2020 年,全国各地小学学生体质健康优良率排在前 5 位的分别是浙江、湖南、北京、河南和广西,长三角中的浙江最高;排在后 5 位的分别是内蒙古、天津、宁夏、黑龙江和贵州,都低于 40%。与 2015 年相比,浙江、上海、北京和江苏有提升,其中三个属于长三角省份,而黑龙江、广东、西藏、青海和吉林则大幅下降,都下降了 15 个百分点以上。总体来看,区域差距较大,最高与最低的省份的差距在 40 个百分点以上。

表 6-10　全国各地小学学生体质健康优良率情况与变化

全国各地		2015 年	2020 年	比 2015 年提高	
1	浙江	63.1%	72.6%	浙江	9.6%
2	湖南	78.4%	69.0%	上海	9.0%
3	北京	62.3%	67.4%	北京	5.0%
4	河南	76.3%	66.6%	江苏	0.5%

续表

全国各地		2015年	2020年	比2015年提高	
5	广西	75.5%	64.1%	甘肃	-3.6%
6	山东	72.4%	63.9%	天津	-5.3%
7	湖北	72.3%	62.6%	山西	-5.4%
8	安徽	68.2%	62.2%	安徽	-6.0%
9	云南	72.3%	62.1%	宁夏	-7.2%
10	江西	71.6%	61.9%	福建	-8.0%
11	江苏	60.9%	61.4%	山东	-8.4%
12	重庆	68.1%	58.3%	贵州	-8.7%
13	海南	70.4%	57.1%	湖南	-9.4%
14	陕西	67.1%	55.8%	湖北	-9.6%
15	甘肃	59.1%	55.6%	江西	-9.7%
16	新疆	68.8%	55.6%	河南	-9.8%
17	四川	66.8%	54.8%	重庆	-9.8%
18	河北	64.5%	54.3%	云南	-10.1%
19	上海	44.7%	53.7%	河北	-10.2%
20	山西	59.0%	53.7%	陕西	-11.3%
21	广东	75.0%	52.7%	广西	-11.4%
22	辽宁	63.6%	50.9%	四川	-12.0%
23	福建	56.4%	48.4%	辽宁	-12.7%
24	西藏	65.9%	44.7%	新疆	-13.3%
25	吉林	60.3%	43.6%	海南	-13.3%
26	青海	60.2%	42.7%	内蒙古	-14.1%
27	贵州	48.0%	39.3%	吉林	-16.7%
28	黑龙江	71.2%	38.7%	青海	-17.5%
29	宁夏	42.4%	35.2%	西藏	-21.2%
30	天津	36.9%	31.6%	广东	-22.3%
31	内蒙古	42.7%	28.6%	黑龙江	-32.5%

全国初中学生体质健康优良率高于目标要求但也呈现逐年下降态势。2020年,全国初中学生体质健康优良率为56.7%,高于50%的目标要求。2015—2020年,全国初中学生体质健康优良率呈现逐步下降态势,而且下降的幅度较大,需要引起相关各方面的高度重视。

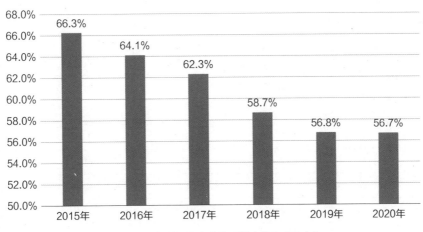

图6-20 全国初中学生体质健康优良率及变化

全国各地初中学生体质健康优良率较高的省份主要在中部地区。2020年,全国各地初中学生体质健康优良率排在前5位的分别是湖南、河南、云南、湖北和安徽,都属于中西部地区;排在后5位的分别是内蒙古、天津、宁夏、青海和吉林。与2015年相比,上海、浙江和北京有提升,其中两个属于长三角省市;而黑龙江、西藏、天津、广东和海南则大幅下降,都下降了18个百分点以上。总体来看,区域差距较大,最高与最低的省份的差距在35个百分点以上。

表6-11 全国各地初中学生体质健康优良率情况与变化

全国各地		2015年	2020年		比2015年提高
1	湖南	79.2%	69.7%	上海	12.3%
2	河南	74.4%	67.0%	浙江	3.7%
3	云南	75.2%	64.2%	北京	0.8%
4	湖北	73.1%	63.4%	江苏	-1.2%
5	安徽	68.5%	63.1%	甘肃	-3.7%
6	浙江	56.8%	60.4%	山西	-4.3%
7	山东	68.7%	58.9%	安徽	-5.4%
8	江西	67.8%	58.9%	福建	-6.0%
9	北京	57.2%	58.0%	河南	-7.4%
10	江苏	57.7%	56.6%	宁夏	-7.6%
11	陕西	66.3%	56.1%	江西	-8.9%
12	上海	43.7%	56.0%	湖南	-9.5%
13	山西	59.9%	55.6%	湖北	-9.7%
14	广东	75.3%	55.3%	山东	-9.7%

续表

	全国各地	2015年	2020年	比2015年提高	
15	广西	68.2%	54.8%	陕西	-10.1%
16	辽宁	65.6%	54.7%	贵州	-10.4%
17	甘肃	57.4%	53.7%	辽宁	-10.9%
18	重庆	66.6%	53.6%	河北	-10.9%
19	河北	64.2%	53.2%	云南	-11.1%
20	海南	70.4%	51.9%	内蒙古	-11.5%
21	四川	63.7%	51.6%	四川	-12.1%
22	新疆	66.0%	49.7%	重庆	-12.9%
23	西藏	68.5%	48.0%	青海	-13.2%
24	福建	53.1%	47.0%	广西	-13.3%
25	贵州	53.2%	42.8%	吉林	-14.9%
26	黑龙江	66.7%	41.7%	新疆	-16.4%
27	吉林	55.9%	41.0%	海南	-18.5%
28	青海	50.4%	37.2%	广东	-19.9%
29	宁夏	44.4%	36.8%	天津	-20.1%
30	天津	53.1%	33.0%	西藏	-20.5%
31	内蒙古	43.3%	31.8%	黑龙江	-25.0%

全国高中学生体质健康优良率高于目标要求但也呈现逐年略有下降的态势。2020年，全国高中学生体质健康优良率为53.6%，高于50%的目标要求。2015—2020年，全国高中学生体质健康优良率呈现逐步小幅下降的态势，需要引起各相关方面的重视。

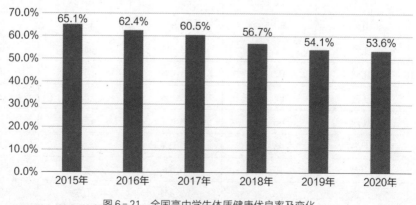

图6-21 全国高中学生体质健康优良率及变化

全国一半以上的省份普通高中学生体质健康优良率超过50%。2020年,全国各地普通高中学生体质健康优良率排在前5位的分别是河南、湖南、湖北、云南和辽宁,都超过59%;排在后5位的分别是天津、内蒙古、宁夏、青海和重庆。与2015年相比,上海和北京有所提升,而西藏、广东、黑龙江、内蒙古和吉林则大幅下降,都下降了20个百分点以上。总体来看,区域差距不断扩大,最高与最低的省份的差距从2015年的35.7个百分点扩大到40.4个百分点。

表6-12 全国各地普通高中学生体质健康优良率情况与变化

全国各地		2015年	2020年	比2015年提高	
1	河南	72.8%	68.3%	上海	1.0%
2	湖南	78.3%	67.8%	北京	0.7%
3	湖北	73.4%	62.3%	浙江	-1.9%
4	云南	72.7%	60.6%	河南	-4.5%
5	辽宁	68.5%	59.4%	山西	-4.9%
6	山东	71.6%	58.5%	江苏	-5.4%
7	山西	61.9%	57.0%	甘肃	-7.3%
8	安徽	66.3%	56.0%	辽宁	-9.1%
9	北京	55.2%	55.9%	广西	-9.7%
10	广西	65.5%	55.8%	贵州	-9.9%
11	江西	65.2%	55.0%	江西	-10.2%
12	浙江	56.5%	54.6%	安徽	-10.3%
13	河北	63.9%	53.5%	河北	-10.4%
14	江苏	57.4%	52.0%	湖南	-10.5%
15	陕西	62.2%	51.5%	陕西	-10.8%
16	四川	62.7%	50.8%	福建	-11.1%
17	新疆	68.2%	50.5%	湖北	-11.2%
18	广东	73.4%	49.7%	青海	-11.6%
19	甘肃	55.0%	47.7%	四川	-11.9%
20	海南	58.5%	45.5%	云南	-12.1%
21	西藏	71.0%	45.2%	海南	-13.1%
22	黑龙江	67.8%	44.8%	山东	-13.1%
23	上海	43.7%	44.7%	天津	-14.8%

续表

全国各地		2015 年	2020 年	比 2015 年提高	
24	福建	55.0%	43.9%	宁夏	-17.3%
25	贵州	52.2%	42.4%	新疆	-17.7%
26	吉林	63.9%	42.2%	重庆	-19.0%
27	重庆	61.0%	42.0%	吉林	-21.7%
28	青海	46.0%	34.5%	内蒙古	-22.5%
29	宁夏	51.8%	34.4%	黑龙江	-23.0%
30	内蒙古	54.6%	32.1%	广东	-23.7%
31	天津	42.6%	27.9%	西藏	-25.9%

2. 中职学校学生体质健康优良率

全国中职学生体质健康优良率低于对中学生的目标要求,且呈现逐年略下降的态势。2020 年,全国中职学生体质健康优良率为 48.7%,低于 50% 的中学生目标要求。2015—2020 年,全国中职学生体质健康优良率呈现逐步下降的态势,需要引起各相关方面的重视。

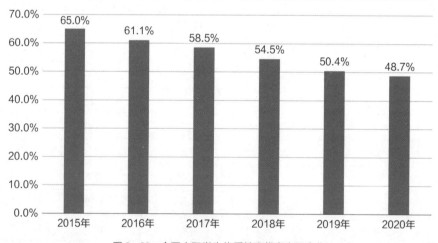

图 6-22 全国中职学生体质健康优良率及变化

全国各地中职学校学生体质健康优良率差距明显,且 2020 年都比 2015 年低。2020 年,全国各地中职学校学生体质健康优良率排在前 5 位的分别是湖南、河南、河北、安徽和湖北,长三角中安徽居前;排在后 5 位的分别是西藏、天津、上海、海南和北京,长三角中上海中职学校的学生体质健康优良率较低,处在后五位。与 2015 年相比,全国中职学生体质健康优良率都明显下降,其中天津、内蒙古、广东、西藏和云南的下降幅度超过 26 个百分点。总体来看,区域之间的差距一直较大,但有缩小的趋势,最高与最低的省份从 2015 年相差 55.7 个百分点缩小到 2020 年的 46.5 个百分点。

表 6-13　全国各地中职学校学生体质健康优良率情况与变化

全国各地		2015 年	2020 年	比 2015 年提高	
1	湖南	77.1%	64.4%	上海	-3.0%
2	河南	74.0%	61.3%	浙江	-5.4%
3	河北	71.6%	60.2%	青海	-8.3%
4	安徽	69.7%	56.7%	江西	-9.8%
5	湖北	72.2%	56.1%	河北	-11.5%
6	新疆	81.3%	55.9%	贵州	-11.8%
7	陕西	72.4%	54.3%	北京	-12.2%
8	山东	72.6%	52.8%	湖南	-12.7%
9	黑龙江	68.1%	51.5%	河南	-12.7%
10	四川	68.7%	50.7%	甘肃	-12.8%
11	江西	58.7%	48.9%	广西	-13.0%
12	甘肃	60.7%	47.9%	安徽	-13.1%
13	山西	61.4%	47.7%	山西	-13.6%
14	辽宁	64.5%	46.5%	宁夏	-14.0%
15	广西	57.3%	44.3%	福建	-14.5%
16	青海	51.5%	43.3%	江苏	-15.1%
17	云南	69.8%	43.1%	湖北	-16.2%
18	吉林	65.4%	43.0%	黑龙江	-16.6%
19	江苏	57.6%	42.5%	辽宁	-18.0%
20	重庆	61.1%	42.3%	四川	-18.0%
21	贵州	51.8%	40.1%	陕西	-18.1%
22	浙江	45.4%	40.0%	重庆	-18.8%
23	广东	65.2%	35.3%	山东	-19.7%
24	内蒙古	61.6%	30.7%	吉林	-22.4%
25	福建	44.4%	29.9%	海南	-23.3%
26	宁夏	43.1%	29.0%	新疆	-25.4%
27	北京	40.8%	28.7%	云南	-26.7%
28	海南	48.1%	24.9%	西藏	-28.3%

续表

	全国各地	2015年	2020年	比2015年提高	
29	上海	25.6%	22.6%	广东	-29.8%
30	天津	56.8%	22.4%	内蒙古	-30.9%
31	西藏	46.1%	17.9%	天津	-34.4%

3. 普通高校学生体质健康优良率

全国高校学生体质健康优良率远远低于对中小学生的目标要求,且呈现逐年略下降的态势。2020年,全国高校学生体质健康优良率仅为14.8%。2015—2020年,全国高校学生体质健康优良率逐步下降了8个百分点以上,需要引起各相关方面的高度重视。

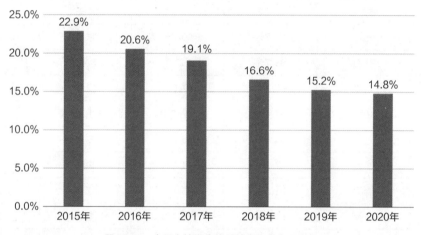

图6-23 全国高校学生体质健康优良率及变化

全国各地普通高校学生体质健康优良率都较低,且绝大部分省份比2015年低。2020年,全国各地普通高校学生体质健康优良率排在前5位的分别是新疆、浙江、上海、江苏和山东,其中长三角有三个省份排在前列;排在后5位的是青海、山西、吉林、海南和甘肃,都低于10%。与2015年相比,除浙江外,其余各省都有下降,其中新疆、湖南、四川、海南和重庆下降尤为明显,都下降了13个百分点以上。

表6-14 全国各地普通高校学生体质健康优良率情况与变化

	全国各地	2015年	2020年	比2015年提高	
1	新疆	53.9%	22.6%	浙江	3.2%
2	浙江	18.2%	21.4%	江苏	-1.0%
3	上海	27.2%	20.1%	青海	-2.0%

续表

	全国各地	2015年	2020年	比2015年提高	
4	江苏	19.8%	18.8%	北京	-2.4%
5	山东	30.2%	18.1%	云南	-2.6%
6	湖南	38.5%	17.7%	西藏	-3.9%
7	北京	19.8%	17.4%	黑龙江	-4.7%
8	江西	23.8%	16.5%	广西	-5.0%
9	福建	21.2%	16.2%	福建	-5.0%
10	河南	26.7%	15.5%	山西	-5.1%
11	四川	31.7%	15.3%	内蒙古	-5.1%
12	广东	22.3%	14.4%	贵州	-5.3%
13	湖北	21.5%	14.1%	陕西	-5.6%
14	安徽	20.3%	13.9%	甘肃	-6.0%
15	重庆	26.3%	13.3%	安徽	-6.5%
16	广西	18.2%	13.1%	河北	-6.6%
17	河北	19.6%	13.1%	吉林	-6.6%
18	天津	22.6%	12.8%	辽宁	-6.8%
19	黑龙江	17.2%	12.5%	上海	-7.1%
20	陕西	18.1%	12.5%	江西	-7.4%
21	西藏	16.1%	12.2%	湖北	-7.4%
22	辽宁	19.0%	12.2%	广东	-7.9%
23	云南	14.4%	11.8%	天津	-9.8%
24	贵州	15.7%	10.4%	宁夏	-10.3%
25	内蒙古	15.4%	10.3%	河南	-11.2%
26	宁夏	19.9%	9.6%	山东	-12.1%
27	甘肃	15.2%	9.2%	重庆	-13.0%
28	海南	24.6%	9.1%	海南	-15.5%
29	吉林	15.7%	9.1%	四川	-16.4%
30	山西	14.0%	8.9%	湖南	-20.8%
31	青海	9.1%	7.1%	新疆	-31.3%

(二) 中小幼学校师生比

中小幼学校师生比是《中国教育监测与评价统计指标体系(2020年版)》指标,也是《指标体系》的监测点指标。按照教育部关于印发《幼儿园教职工配备标准(暂行)》的通知(教师〔2013〕1号)的规定,幼儿园全园教职工与幼儿比为1∶5—1∶7。《中央编办教育部 财政部关于进一步落实〈国务院办公厅转发中央编办、教育部、财政部关于制定中小学教职工编制标准意见的通知〉有关问题的通知》(中央编办发〔2009〕6号)规定,高中教职工与学生比为1∶12.5、初中为1∶13.5、小学为1∶19。显然,相关规定主要是明确了学生与教职工的配置比例,而没有直接规定学生与教师的配置比例。因此,分析判断各级教育机构教师配置状况是不是达到要求,只能用学生与教职工的比例指标,但进行区域、各地和国际比较则可以采用生师比指标。

1. 全国各地幼儿园生师比以及幼儿与教职工之比

幼儿园生师比指某学年内学前教育中每位教师平均所对应的学生数。幼儿园生师比=学前教育在校生总数/学前教育教师总数。该指标可用于反映学前教育阶段教师数量充足程度,经常用作教育质量的替代指标。数据来源于教育事业统计数据。该指标值越高,表明每位教师平均所教的学生越多,相反,生师比越小,表明平均每位教师所教的学生越少,老师有更多的精力去关注每一个学生,有助于取得更好的教育效果;而指标值过低则表明存在一定的资源浪费。

全国幼儿园教师和教职工配置状况逐年改善。2020年,全国幼儿园生师比、生教职工比分别为16.5和9.1,其中,生教职工比尚未达到7∶1的配置标准要求。与2015年相比,一名教师对应的幼儿人数从20.8人下降到16.5人,一名教职工对应的幼儿人数从12.3人下降到9.1人。

图6-24 全国幼儿园生师比及生教职工比及其变化

幼儿园生师比全国最高、最低水平差距较大。2020年,全国各地幼儿园生师比较小、专任教师配置状况较好的前5个省(自治区、直辖市)分别是辽宁、北京、天津、内蒙古和上海,后5

位分别是广西、云南、四川、安徽和重庆。与 2015 年相比,幼儿园生师比缩小幅度较大、配置状况改善明显的前 5 个省(自治区、直辖市)分别是青海、安徽、西藏、广西和江西,后 5 位分别是北京、上海、山东、广东和吉林。幼儿园的生师比全国各地最高、最低之间差距由 2015 年的 15.3 缩小到 2020 年的 10.8,即全国各地最高、最低幼儿园专任教师对应幼儿人数 5 年间减少了 4.5 人。

表 6-15　全国各地幼儿园生师比及变化

全国各地		2015 年	2019 年	2020 年	2015—2020 年	
1	辽宁	15.0	12.1	11.3	青海	9.1
2	北京	11.6	11.4	11.8	安徽	8.5
3	天津	17.0	12.8	12.6	西藏	8.5
4	内蒙古	15.9	13.0	12.7	广西	8.2
5	上海	14.6	13.2	13.0	江西	7.4
6	黑龙江	16.5	14.2	13.4	河北	6.5
7	吉林	16.3	14.3	13.9	贵州	6.5
8	浙江	16.3	14.3	13.9	湖北	6.3
9	陕西	18.5	14.6	14.4	湖南	6.2
10	广东	16.7	15.1	14.9	河南	5.6
11	海南	19.9	16.0	15.1	重庆	5.6
12	江苏	19.4	15.9	15.1	四川	5.5
13	山西	20.4	16.5	15.3	云南	5.3
14	江西	22.7	16.2	15.3	甘肃	5.2
15	山东	17.6	15.4	15.8	山西	5.1
16	贵州	23.4	17.0	16.9	海南	4.8
17	福建	20.2	17.3	17.1	新疆	4.4
18	河北	23.6	17.7	17.1	天津	4.4
19	新疆	21.7	20.7	17.3	宁夏	4.4
20	湖北	23.6	18.0	17.4	江苏	4.3
21	甘肃	23.1	18.9	17.9	陕西	4.1
22	河南	23.8	19.1	18.2	辽宁	3.6
23	宁夏	22.9	19.1	18.5	内蒙古	3.2
24	青海	27.7	17.9	18.5	福建	3.1

续表

全国各地		2015 年	2019 年	2020 年	2015—2020 年	
25	湖南	25.2	19.6	18.9	黑龙江	3.0
26	西藏	27.6	22.2	19.1	浙江	2.4
27	重庆	24.8	19.4	19.2	吉林	2.4
28	安徽	27.9	21.2	19.3	广东	1.8
29	四川	25.6	20.5	20.1	山东	1.7
30	云南	26.4	20.6	21.1	上海	1.7
31	广西	30.2	22.6	22.1	北京	-0.2

幼儿园幼儿与教职工之比全国最高、最低水平差距较大。2020年，全国各地幼儿园幼儿与教职工之比较小、教职工配置状况较好的前5个省（自治区、直辖市）是北京、黑龙江、辽宁、天津和吉林，后5位分别是西藏、云南、甘肃、安徽和广西。与2015年相比，幼儿园幼儿与教职工之比缩小幅度较大、配置状况改善明显的前5个省（自治区、直辖市）分别是安徽、青海、贵州、河北和西藏，后5位分别是北京、广东、浙江、山东和吉林。

表6-16 全国各地幼儿园幼儿与教职工之比及变化

全国各地		2015 年	2019 年	2020 年	2015—2020 年	
1	北京	6.4	5.9	5.9	安徽	5.6
2	黑龙江	8.9	7.1	6.6	青海	5.3
3	辽宁	9.3	7.2	6.6	贵州	5.2
4	天津	10.1	7.2	6.8	河北	5.1
5	吉林	9.2	7.2	7.0	西藏	5.0
6	上海	9.5	7.3	7.1	广西	5.0
7	海南	9.9	7.7	7.4	新疆	4.4
8	内蒙古	9.9	7.7	7.5	甘肃	4.2
9	浙江	9.0	7.7	7.5	江西	4.1
10	广东	9.2	8.0	7.9	四川	4.0
11	陕西	11.0	8.2	7.9	河南	4.0
12	湖北	12.1	8.9	8.5	山西	3.8
13	江苏	11.4	9.0	8.5	湖北	3.6
14	湖南	12.3	9.3	8.9	云南	3.5

续表

	全国各地	2015 年	2019 年	2020 年	2015—2020 年	
15	山西	13.1	10.1	9.3	湖南	3.4
16	江西	13.5	10.0	9.4	宁夏	3.4
17	福建	11.6	9.6	9.4	天津	3.3
18	贵州	14.8	9.8	9.7	重庆	3.1
19	重庆	12.7	9.8	9.7	陕西	3.1
20	宁夏	13.3	10.3	9.9	江苏	2.9
21	山东	11.9	10.0	10.3	辽宁	2.6
22	河南	14.4	11.0	10.4	海南	2.6
23	河北	15.5	10.7	10.4	内蒙古	2.5
24	青海	15.7	10.1	10.5	上海	2.5
25	四川	15.0	11.3	11.0	黑龙江	2.3
26	新疆	15.5	12.9	11.2	福建	2.2
27	广西	16.3	11.6	11.4	吉林	2.2
28	安徽	17.0	12.5	11.4	山东	1.6
29	甘肃	16.6	13.0	12.4	浙江	1.4
30	云南	15.9	12.1	12.4	广东	1.4
31	西藏	21.5	18.6	16.5	北京	0.4

全国幼儿园生师比仍然低于高收入国家平均水平。目前,全国幼儿园生师比整体仍低于 OECD 成员国平均水平(15.1,2016 年),更低于高收入国家平均水平(14.4,2016 年)。

2. 全国小学生师比以及学生与教职工之比

小学生师比是小学教育中教职工平均所对应的学生数,一定程度上反映了教师数量的充足程度。小学生师比＝小学教育在校生总数/小学教育教师总数。该指标可用于反映小学教育阶段教师数量充足程度。该指标适用于国家级、省级、地级、县级、校级,小学生师比的数据来源于教育事业统计报表。指标值越高,表明每位教师平均所教的学生越多,相反,生师比越小,表明平均每位教师所对应的学生越少,老师有更多的精力去关注每一个学生,有助于取得更好的教育效果,但是,该指标主要反映教师数量的充足情况,而其他一些因素,例如教师的自身素质、教学经验、专业背景、教学方法等都会对教学效果产生影响。

全国小学教师和教职工配置状况比较稳定、总体上有所改善。2020 年,全国小学生师比、生教职工比分别为 16.7 和 14.3，其中，生教职工比已经达到 19∶1 的配置标准要求。与 2015 年相比，一名教师对应的小学生人数从 17.1 人下降到 16.7 人，一名教职工对应的小学生人数从 14.4 人下降到 14.3 人。

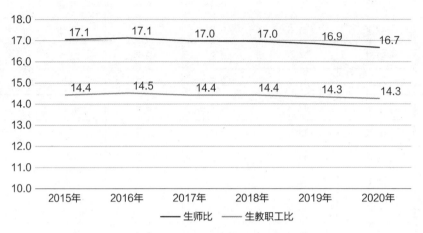

图 6-25　全国小学生师比及生教职工比及其变化

小学生师比全国最高、最低水平差距较大。2020 年，全国各地小学生师比较小、专任教师配置状况较好的前 5 个省（自治区、直辖市）分别是吉林、黑龙江、内蒙古、甘肃和山西，后 5 位分别是福建、贵州、广东、湖北和广西。与 2015 年相比，小学生师比缩小幅度较大、配置状况改善明显的前 5 个省（自治区、直辖市）分别是江西、重庆、广西、湖南和四川，后 5 位分别是新疆、陕西、湖北、福建和山西。小学生师比全国各地最高、最低之间的差距由 2015 年的 8.2 缩小到 2020 年的 7.5，即全国最高、最低的小学专任教师对应的小学生人数差距 5 年间减少近 0.7 人。

表 6-17　全国各地小学生师比及变化

全国各地		2015 年	2020 年	比 2015 年下降	
1	吉林	11.6	11.3	江西	2.8
2	黑龙江	11.7	12.0	重庆	1.9
3	内蒙古	12.9	13.1	广西	1.8
4	甘肃	12.8	13.3	湖南	1.8
5	山西	13.1	14.0	四川	1.6
6	上海	15.3	14.0	浙江	1.5
7	北京	14.4	14.0	河南	1.3
8	辽宁	14.3	14.3	上海	1.3

续表

	全国各地	2015年	2020年	比2015年下降	
9	西藏	14.0	14.4	江苏	1.2
10	天津	15.0	15.4	山东	0.7
11	重庆	17.4	15.5	河北	0.5
12	海南	15.5	15.9	云南	0.4
13	四川	17.6	16.0	吉林	0.4
14	陕西	14.9	16.3	北京	0.3
15	新疆	14.2	16.3	广东	0.1
16	山东	17.0	16.4	辽宁	0.0
17	云南	16.8	16.4	内蒙古	-0.2
18	江西	19.6	16.8	宁夏	-0.2
19	浙江	18.3	16.8	安徽	-0.3
20	江苏	18.0	16.8	黑龙江	-0.3
21	河北	17.6	17.1	海南	-0.3
22	河南	18.7	17.4	天津	-0.4
23	宁夏	17.3	17.5	西藏	-0.4
24	青海	17.2	17.6	甘肃	-0.5
25	湖南	19.6	17.8	青海	-0.5
26	安徽	17.7	18.0	贵州	-0.6
27	广西	19.8	18.0	山西	-0.9
28	湖北	16.8	18.2	福建	-1.1
29	广东	18.5	18.4	湖北	-1.4
30	贵州	17.9	18.5	陕西	-1.4
31	福建	17.7	18.8	新疆	-2.2

小学生与教职工之比下降较快的均为中西部地区。2020年，全国各地小学学生与教职工之比较小、教职工配置状况较好的前5个省（自治区、直辖市）分别是吉林、黑龙江、内蒙古、北京和上海，后5位分别是福建、宁夏、广西、湖南和贵州。与2015年相比，小学学生与教职工之比缩小幅度较大、配置状况改善明显的前5个省（自治区、直辖市）分别是江西、重庆、湖南、广西和河南，后5位分别是新疆、福建、陕西、湖北和天津。

表 6-18 全国各地小学学生与教职工之比及变化

全国各地		2015 年	2019 年	2020 年	2015—2020 年	
1	吉林	9.7	9.3	9.3	江西	2.4
2	黑龙江	10.1	10.0	10.0	重庆	1.6
3	内蒙古	9.9	10.4	10.5	湖南	1.3
4	北京	11.6	11.1	11.5	广西	1.3
5	上海	12.4	11.6	11.7	河南	1.3
6	山西	11.7	11.7	11.9	四川	1.2
7	辽宁	12.0	12.1	12.2	浙江	1.2
8	甘肃	12.3	12.5	12.7	江苏	0.7
9	天津	13.1	13.4	13.6	上海	0.7
10	新疆	12.5	13.0	13.6	云南	0.5
11	海南	13.9	14.3	13.9	河北	0.5
12	西藏	13.8	14.5	14.3	吉林	0.4
13	陕西	13.3	14.4	14.4	青海	0.4
14	四川	15.9	15.0	14.6	广东	0.4
15	重庆	16.3	15.3	14.7	山东	0.3
16	浙江	16.6	15.6	15.4	黑龙江	0.1
17	江苏	16.2	15.8	15.4	北京	0.1
18	山东	15.8	15.7	15.5	海南	0.0
19	青海	15.9	15.5	15.5	山西	-0.2
20	云南	16.0	15.8	15.5	宁夏	-0.2
21	河北	16.1	15.8	15.7	贵州	-0.2
22	河南	17.3	16.5	16.0	辽宁	-0.2
23	广东	16.4	16.3	16.0	安徽	-0.3
24	湖北	15.2	16.3	16.1	甘肃	-0.4
25	江西	18.6	16.8	16.2	西藏	-0.5
26	安徽	16.3	16.7	16.6	内蒙古	-0.5
27	贵州	16.6	16.7	16.8	天津	-0.5
28	湖南	18.1	17.3	16.8	湖北	-0.9
29	广西	18.2	17.4	16.8	陕西	-1.1
30	宁夏	16.7	16.6	16.9	福建	-1.2
31	福建	16.6	17.7	17.8	新疆	-1.3

全国小学生师比高于高收入国家和OECD成员国的平均水平,表明全国小学专任教师的配置状况与世界发达国家相比仍有优化提升空间。目前,全国小学生师比仍未达到OECD国家平均水平(15.5,2016年)和高收入国家平均水平(14.2,2016年),全国小学专任教师配置状况还需要进一步改善。

3. 全国初中生师比以及学生与教职工之比

初中生师比指的是初中教育中教职工平均所教的学生。初中生师比＝初中教育在校生总数/初中教育教师总数。该指标可用于反映初中教育阶段教师数量充足程度,经常用作教育质量的替代指标,数据来源于教育事业统计报表。指标值越高,表明每位教师平均所教的学生越多,相反,生师比越小,表明平均每位教师所教的学生越少,老师有更多的精力去关注每一个学生,有助于取得更好的教育效果,但需要说明的是,初中生师比这一指标主要反映教师数量的充足情况,而其他一些因素难以直接反映,例如,教师的自身素质、教学经验、专业背景、教学方法等都会对教学效果产生影响。

全国初中教师和教职工配置状况符合有关规定要求,但近年来的配置状况有所收紧。2020年,全国初中生师比、生教职工比分别为12.7和11.2,其中,生教职工比符合13.5∶1的配置标准要求。与2015年相比,一名教师对应的初中生人数从12.4人上升到12.7人,一名教职工对应的初中生人数从10.9人上升到11.2人。

图6-26 全国初中生师比及生教职工比及其变化

初中生师比全国最高、最低水平差距较大。2020年,全国各地初中生师比较小、专任教师配置状况较好的前5个省(自治区、直辖市)分别是北京、吉林、黑龙江、辽宁和山西,后5位分别是江西、广西、宁夏、河南和贵州。与2015年相比,初中生师比缩小幅度较大、配置状况改善明显的前5个省(自治区、直辖市)分别是贵州、云南、广西、西藏和上海,后5位分别是湖北、福建、陕西、江苏和天津。初中生师比全国各地最高、最低之间的差距由 2015 年的 7.9 缩小到 2020 年的 6.5，即全国初中专任教师配置状况得到进一步的改善，各地最高、最低的初中专任教师对应初中学生人数差距 5 年间减少了近 1.4 人。

表 6-19　全国各地初中生师比及变化

全国各地		2015 年	2020 年	比 2015 年下降	
1	北京	8.6	8.7	贵州	2.2
2	吉林	9.2	9.3	云南	2.2
3	黑龙江	9.6	10.0	广西	1.7
4	辽宁	10.3	10.1	西藏	0.5
5	山西	10.0	10.3	上海	0.5
6	上海	11.0	10.5	河南	0.3
7	甘肃	10.8	10.8	辽宁	0.1
8	内蒙古	10.8	10.9	甘肃	0.1
9	天津	9.9	11.0	浙江	0.0
10	西藏	12.1	11.6	宁夏	0.0
11	陕西	10.2	11.6	内蒙古	0.0
12	新疆	10.6	11.6	北京	-0.1
13	江苏	10.8	12.0	吉林	-0.1
14	山东	11.7	12.2	湖南	-0.1
15	浙江	12.3	12.3	青海	-0.1
16	湖北	10.4	12.7	河北	-0.1
17	四川	12.4	12.8	山西	-0.3
18	云南	15.3	13.1	黑龙江	-0.4
19	湖南	13.2	13.3	四川	-0.4
20	青海	13.2	13.3	山东	-0.5
21	福建	11.6	13.5	江西	-0.5
22	广东	12.9	13.5	广东	-0.6
23	安徽	12.6	13.5	海南	-0.8
24	海南	12.8	13.6	安徽	-0.9

续表

	全国各地	2015 年	2020 年	比 2015 年下降	
25	河北	13.6	13.7	新疆	-1.0
26	重庆	12.7	13.8	重庆	-1.1
27	贵州	16.0	13.8	天津	-1.1
28	河南	14.2	13.9	江苏	-1.2
29	宁夏	14.2	14.2	陕西	-1.3
30	广西	16.5	14.8	福建	-1.9
31	江西	14.6	15.2	湖北	-2.3

表 6-20 全国各地初中学生与教职工之比及变化

	全国各地	2015 年	2019 年	2020 年	2015—2020 年	
1	北京	6.6	6.8	7.2	贵州	2.3
2	天津	8.4	9.3	9.7	云南	1.9
3	河北	12.1	12.8	12.5	广西	1.2
4	辽宁	9.1	9.2	9.2	青海	0.4
5	上海	9.2	9.0	9.0	西藏	0.4
6	江苏	9.7	11.2	11.2	上海	0.1
7	浙江	11.5	11.8	11.6	山西	0.0
8	福建	10.3	11.6	12.0	四川	0.0
9	山东	10.9	11.8	11.8	河南	0.0
10	广东	12.1	12.4	12.4	宁夏	-0.1
11	海南	11.5	12.2	12.1	甘肃	-0.1
12	山西	9.0	9.0	8.9	内蒙古	-0.1
13	吉林	7.6	8.3	8.0	辽宁	-0.1
14	黑龙江	8.4	9.1	8.8	浙江	-0.1
15	安徽	11.5	12.5	12.6	广东	-0.3
16	江西	14.3	15.9	15.0	新疆	-0.3
17	河南	13.0	13.4	13.0	黑龙江	-0.3
18	湖北	9.4	11.4	11.6	河北	-0.4
19	湖南	12.4	13.2	13.0	吉林	-0.4
20	内蒙古	8.6	8.8	8.7	湖南	-0.5

续表

	全国各地	2015年	2019年	2020年	2015—2020年	
21	广西	14.8	14.3	13.7	北京	-0.6
22	重庆	12.0	13.1	13.0	海南	-0.7
23	四川	12.3	12.5	12.3	江西	-0.8
24	贵州	15.1	13.2	12.9	山东	-0.9
25	云南	14.3	13.0	12.3	重庆	-1.0
26	西藏	11.8	11.5	11.4	陕西	-1.1
27	陕西	9.3	10.2	10.4	安徽	-1.1
28	甘肃	10.7	10.8	10.8	天津	-1.3
29	青海	13.3	13.2	12.9	江苏	-1.5
30	宁夏	13.8	14.1	13.8	福建	-1.7
31	新疆	10.3	10.0	10.6	湖北	-2.2

全国初中生师比小于OECD成员国的平均水平(14.3,2016年),高于高收入国家平均水平(13.1,2016年)。

4. 全国各地高中生师比以及学生与教职工之比

全国高中教师和教职工配置状况总体上有所改善。2020年,全国高中生师比、生教职工比分别为12.9和11.0,其中,生教职工比已经达到12.5∶1的配置标准要求。与2015年相比,一名教师对应的高中生人数从14.0人下降到12.9人,一名教职工对应的高中生人数从11.7人下降到11.0人。

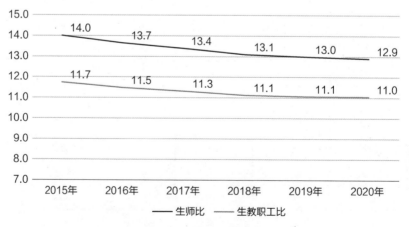

图6-27 全国高中生师比及生教职工比及其变化

高中生师比全国最高、最低水平差距较大。2020年,全国各地高中生师比较小、专任教师配置状况较好的前5个省(自治区、直辖市)分别是北京、上海、天津、山西和内蒙古,后5位分别是江西、广西、重庆、河南和湖南。与2015年相比,高中生师比缩小幅度较大、配置状况改善明显的前5个省(自治区、直辖市)分别是贵州、甘肃、内蒙古、陕西和山西,后5位分别是江苏、福建、西藏、湖北和黑龙江。高中生师比全国各地最高、最低之间的差距由2015年的9.5缩小到2020年的9.3,即全国高中专任教师配置状况有所改善,各地最高、最低的一位高中专任教师对应高中学生人数差距5年间减少了近0.2人。

表6-21 全国各地高中生师比及变化

全国各地		2015年	2020年	比2015年下降	
1	北京	8.0	7.6	贵州	3.3
2	上海	9.1	8.7	甘肃	2.9
3	天津	10.2	10.0	内蒙古	2.8
4	山西	12.8	10.2	陕西	2.7
5	内蒙古	13.6	10.8	山西	2.6
6	江苏	10.3	11.0	四川	1.9
7	浙江	11.7	11.0	云南	1.9
8	甘肃	14.1	11.2	河南	1.9
9	辽宁	12.7	11.3	山东	1.7
10	陕西	14.1	11.4	宁夏	1.4
11	新疆	12.8	11.8	辽宁	1.4
12	山东	13.5	11.8	湖南	1.2
13	西藏	12.4	12.3	广东	1.1
14	青海	13.5	12.5	新疆	1.1
15	广东	13.6	12.5	安徽	1.1
16	福建	12.4	12.6	青海	1.0
17	海南	13.7	12.7	吉林	1.0
18	黑龙江	13.1	12.9	海南	1.0
19	湖北	13.1	13.0	广西	0.8
20	吉林	14.1	13.1	浙江	0.7
21	河北	13.6	13.2	重庆	0.6

续表

	全国各地	2015年	2020年	比2015年下降	
22	云南	15.2	13.3	江西	0.5
23	四川	15.6	13.7	河北	0.4
24	安徽	14.9	13.8	上海	0.4
25	宁夏	15.3	13.8	北京	0.3
26	贵州	17.4	14.1	天津	0.2
27	湖南	15.3	14.2	黑龙江	0.2
28	河南	17.0	15.2	湖北	0.1
29	重庆	15.9	15.3	西藏	0.1
30	广西	17.1	16.2	福建	−0.2
31	江西	17.5	16.9	江苏	−0.7

表6-22 全国各地高中学生与教职工之比及变化

	全国各地	2015年	2019年	2020年	全国各地	2015—2020年
1	北京	6.6	6.6	7.0	贵州	3.2
2	上海	7.5	7.3	7.5	甘肃	2.2
3	天津	8.4	8.3	8.8	陕西	1.9
4	内蒙古	10.8	9.1	9.0	内蒙古	1.7
5	山西	10.7	9.1	9.1	青海	1.7
6	辽宁	10.7	9.9	9.7	山西	1.6
7	浙江	10.2	9.8	9.9	云南	1.6
8	江苏	9.1	9.6	10.0	河南	1.2
9	新疆	11.3	10.5	10.2	新疆	1.2
10	陕西	12.1	10.5	10.2	四川	1.1
11	甘肃	12.5	10.5	10.2	海南	1.1
12	山东	11.8	10.6	10.8	山东	1.0
13	吉林	11.3	10.9	11.0	宁夏	1.0
14	黑龙江	11.0	11.0	11.0	辽宁	1.0
15	湖北	11.2	11.0	11.2	广东	0.9

续表

	全国各地	2015年	2019年	2020年	全国各地	2015—2020年
16	青海	12.9	11.5	11.3	湖南	0.8
17	广东	12.3	11.3	11.4	广西	0.7
18	河北	11.6	11.5	11.6	安徽	0.7
19	海南	12.8	11.8	11.7	浙江	0.3
20	西藏	11.8	11.0	11.8	吉林	0.3
21	福建	11.2	11.6	11.9	江西	0.2
22	云南	13.9	13.3	12.3	重庆	0.1
23	安徽	13.1	12.3	12.4	西藏	0.0
24	贵州	15.7	13.0	12.5	上海	0.0
25	四川	13.7	12.7	12.6	河北	0.0
26	湖南	13.4	12.8	12.6	黑龙江	0.0
27	宁夏	13.9	12.5	12.9	湖北	−0.1
28	河南	14.9	14.0	13.6	天津	−0.4
29	重庆	13.9	14.0	13.8	北京	−0.4
30	广西	14.9	15.0	14.1	福建	−0.7
31	江西	15.6	16.0	15.4	江苏	−0.9

全国高中生师达到12.9，小于OECD国家平均水平(13.4,2016年)，接近高中收入国家平均水平(12.5,2016年)。

从生师比国际比较情况来看，2020年，我国中小幼学校学生与教师人数之比分别为：高中12.9∶1、初中12.7∶1、小学16.7∶1、幼儿园16.5∶1。我国初中、高中生师比均优于中高收入国家和OECD成员国的均值，也优于美国、英国等发达国家。

（三）大中小学校及幼儿园生均一般公共预算教育支出及城乡区域差距

大中小学校及幼儿园生均一般公共预算教育支出及城乡区域差距是国务院提出的"一个不低于、两个只增不减"的重要指标，体现教育投入持续增长，用于监测和评价国家或地方教育投入及保障水平。其中，生均一般公共预算教育支出包括各学段学生人均一般公共预算教育经费支出的情况，是"指标体系"的监测点，监测目标值（判断标准）设定为"只增不减"。

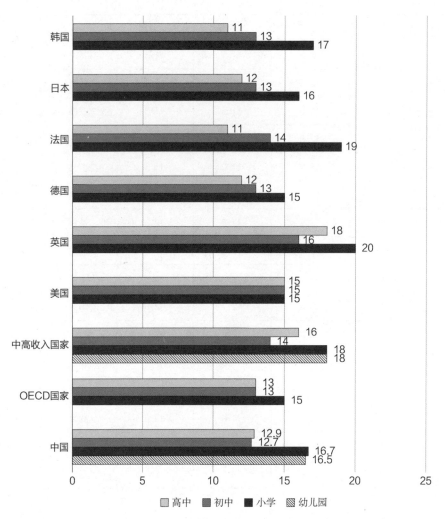

图 6-28 中小学校及幼儿园生师比的国际比较

大中小学校及幼儿园生均一般公共预算教育支出及城乡区域差距涉及各级教育生均一般公共预算教育支出、生均一般公共预算事业费支出和生均一般公共预算公用经费支出。

1. 大中小学校及幼儿园生均一般公共预算教育经费

全国各级教育中基础教育各阶段的生均一般公共预算教育经费实现了逐年增长。2020年,全国大中小学校及幼儿园生均一般公共预算教育经费为本科高校 25 227 元、高职高专 16 034 元、中职 17 448 元、高中 18 672 元、初中 17 804 元、小学 12 331 元、幼儿园 9 411 元。2015—2020 年,本科及高职高专生均一般公共预算教育经费没有实现逐年只增不减。

在全国各地中,大中小学校及幼儿园生均一般公共预算教育经费水平相对较高、排在全国各地第一方阵的东部地区、西部地区的省份分别有 7 个和 3 个,东部地区的省份在生均经费支出方面明显占据优势。

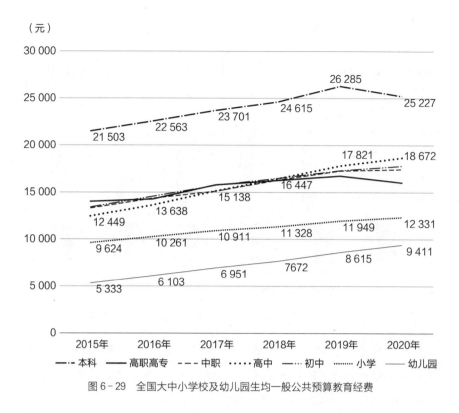

图 6-29 全国大中小学校及幼儿园生均一般公共预算教育经费

表 6-23 各地大中小学校及幼儿园生均一般公共预算教育经费分布

	东部地区	中部地区	西部地区
第一方阵	北京、上海、浙江、天津、广东、江苏、海南		西藏、青海、内蒙古
第二方阵	福建、山东	吉林、黑龙江、湖北、江西	宁夏、新疆、陕西、甘肃、重庆
第三方阵	辽宁、河北	山西、安徽、湖南、河南	四川、云南、贵州、广西

2. 中小幼生均一般公共预算教育经费区县20%倍率

全国中小幼生均一般公共预算教育经费区县20%倍率总体呈现逐年下降的良好态势。为更好地反映全国以及各地的区域之间生均一般公共预算教育经费差距,选取各地区县生均一般公共预算教育经费排在最高、最低20%的区县平均水平,通过最高、最低20%区县平均水平的倍率,监测和检视各地之间的教育经费生均差距。2020年,全国中小幼生均一般公共预算教育经费区县20%倍率为4.8,与2015年的5.6相比有显著的下降,反映了各地区县之间的生均一般公共预算教育经费逐步缩小的良好局面。

在全国各级基础教育中,小学的生均一般公共预算教育经费区县20%倍率最小,2020年为3.4。幼儿园的生均一般公共预算教育经费区县20%倍率最大,2020年为10.1,尽管

2015—2020年有比较明显的下降,但这一差距极不利于学前教育实现较为均衡的发展。

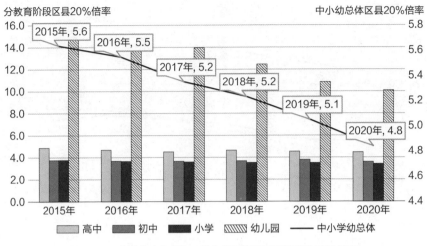

图6-30　全国中小幼生均一般公共预算教育经费区县20%倍率

在全国各地中,中小幼生均一般公共预算教育经费区县20%倍率相对较低、排在全国各地第一方阵的东部地区、西部地区的省份分别有6个和4个,东部地区有更多省份的中小幼生均一般公共预算教育经费在区县之间的配置更加均衡。

表6-24　各地中小幼生均一般公共预算教育经费区县20%倍率分布

	东部地区	中部地区	西部地区
第一方阵	上海、北京、海南、天津、浙江、福建		西藏、宁夏、贵州、重庆
第二方阵	河北	江西、山西、湖南、安徽	青海、甘肃、广西、云南、陕西、内蒙古
第三方阵	辽宁、江苏、山东、广东	黑龙江、湖北、河南、吉林	四川、新疆

第七章

监测推进机制及对策

深入学习领会贯彻落实党的二十大精神和习近平总书记关于教育的重要论述,以及中共中央、国务院关于加快推进教育现代化的决策部署,按照加快推进教育现代化、办好人民满意的教育、建设教育强国的战略要求,科学规划和顶层设计国家教育治理现代化体系,借助人工智能等新一代信息技术,践行教育现代化发展新思想新理念,创新体制机制,不断探索应用科学有效的监测评估技术方法和手段,不断完善监测评估指标体系及导向标准,融入党的二十大报告关于加快建设数字中国的系列部署以及教育系统深入实施的教育数字化战略行动,逐步健全教育2030进程监测评估的组织保障、多方联动、分工协作、协同攻关等工作机制,为我国教育现代化科学决策和精准施策提供可靠依据,提升大国教育治理的现代化水平。同时,不断凝练可借鉴可复制的做法及经验,不断丰富大国教育现代化治理理论和实践,努力讲好中国教育现代化故事,传播好中国教育声音,为全球教育治理积极贡献中国智慧、中国方案。

一、建立国家教育监测体系,把制度优势转化为治理效能

(一)以监测指标体系和方法研发为基础,建立国家教育治理现代化制度体系

将监测评估作为实现2030教育发展目标、加快推进教育现代化、办好人民满意教育、建成教育强国、建立中国式现代化教育治理体系的基础工程。研发推进国家教育现代化、落实2030年教育发展目标的监测指标体系及方法,并在此基础上进一步建立国家教育现代化监测评估制度体系,是贯彻落实党的二十大精神的必然要求。改革开放以来,特别是党的十八大以来的实践表明,全面建设社会主义现代化国家,科技是关键,人才是基础,教育是根本。党的二十大报告将"建成教育强国、科技强国、人才强国"确立为2035年国家发展的总体目标,整体谋划"坚持教育优先发展、科技自立自强、人才引领驱动,加快建设教育强国、科技强国、人才强国",明确提出,"教育、科技、人才是全面建设社会主义现代化国家的基础性、战略性支撑。必须坚持科技是第一生产力、人才是第一资源、创新是第一动力,深入实施科教兴国战略、人才强国战略、创新驱动发展战略,开辟发展新领域新赛道,不断塑造发展新动能新优势"。党中央做出的新时代重大安排,为我们到2035年建成教育强国指明了新的前进方向。

总体而言,我国教育现代化的特点是规模巨大,教育人口长期维持在3亿人左右,各区域处于不同的教育现代化发展阶段,发展不平衡不充分的问题依然较为突出,各地的发展目标任务和重点存在较大差别,需要分阶段、分区域、分各地推进教育现代化,更需要从国家层面作出制度性安排,建立中国特色的监测评估组织领导体系,形成由中央多部委和地方政府部门共同参与的国家教育现代化监测评估领导机制,合力推动,发挥统筹协调作用。建立由多方面权威专家学者参与的战略咨询服务机制,指导监测评估科学实施。建立教育目标监测指标体系及有效的诊断、分析、监测结果预警预报和及时的信息反馈、整改、监督、问责制度体系,能够对各地加快推进教育现代化发展形成强有力的引导和激励作用。同时,要积极推进实践创新,不断探索中国特色教育治理的新路径,推动国家和各地制定的新一轮教育现代化发展战略落实落地,确保规划目标任务如期达成,就迫切需要建立一套有效的监测评估制度体系,及时发现教育现代化发展进程中的问题和短板,预测动态和趋势,预报问题和短板,为科学决策和精准施策提供可靠的依据,为形成大国教育治理现代化新格局积累实践经验。

(二) 在深化实践中推进理论创新,不断推进中国式教育治理现代化

针对推进教育2030目标的如期实现开展指标体系及监测方法研究,无疑是一项实践性很强的探索性工程。首先,监测的相关理论、方法、手段本身就处在一个不断发展和迭代升级的过程之中;其次,监测的对象又是系统复杂、领域广阔的教育,而教育承担着培养各类人才等多项社会功能,其发展有其自身特点和规律性,不可能简单参照其他领域或行业的监测模型,其他国家和国际机构的教育方面的监测评估方案也难以解决好中国现阶段的教育发展问题。我们必须以习近平总书记关于教育的系列论述和党的二十大提出的中国式现代化的特征和实现路径为指引,聚焦服务和支撑中国式教育现代化、大国教育治理、构建中国式教育现代化指标体系,深入探索和凝练基础理论与实践应用,努力回答好推进中国式教育现代化的时代新命题。

应用先进的教育思想与人才培养理念指导和解决指标体系构建以及监测评估过程中的难题。为有效促进人才培养的质量提升,引导各级各类教育,促进每一个学生实现德智体美劳全面发展,在指标体系及其监测评估标准的研发与应用过程中,坚持以《中国教育现代化2035》提出的推进教育现代化基本理念为指导,落实和践行"更加注重以德为先、全面发展、面向人人、终身学习、因材施教、知行合一、融合发展、共建共享"的要求,从促进教育观念、教育内容、师资队伍、教育管理、教育装备现代化等方面入手,围绕人的现代化这一核心,构建体现科学的质量观和素质教育为导向的科学监测评价体系,并通过加强过程性评价和发展性评价,探索实践性评价和写实性评价,促进各级各类教育和全体学生得到全面发展。

努力解决大国教育现代化发展中存在和不断出现的新问题。将研发指标体系和监测评估方法聚焦在创新教育治理体系、提升教育治理能力以及及时有效地解决教育改革发展中的突出问题上。面对高质量发展的新要求,要特别关注各级教育教师队伍的专业化能力提升、教育

教学成效和促进每一个学生全面发展等影响教育质量的根本性问题,对德育实效、智育水平提升、强化体育锻炼、增强美育熏陶、加强劳动教育等方面内容的指标设计和标准开展研究,并通过完善实际监测和相关信息的及时反馈体制机制建设,为教育的科学决策和精准施策提供助力。

(三) 发挥社会主义制度优势,全面提升监测评估统筹协调和教育治理效能

针对我国教育现代化发展实际,围绕推进国家及各地出台的教育现代化规划目标和任务如期达成,需要从国家层面建立一套相对完善的教育现代化监测评估制度体系,立足诊断和综合分析,在肯定成绩的同时及时发现问题与短板、科学预测趋势和实时预警预报,探索大国教育治理的新路径和新模式。在对照中国式教育现代化的高质量发展新要求,围绕教育、科技、人才"三位一体"总体布局设计监测评估指标体系的基础上,分各地、分区域、分阶段研究确定相应的监测评估标准或相同标准下的不同目标要求。加强开发运用先进工具,建立稳定科学高效的数据信息收集、处理、分析、应用的数字化、智能化体系,结合国家教育数字化战略行动,建设国家教育现代化监测评估系统,提升不受时空限制便利化服务决策和施策的能力,努力将国家教育现代化监测评估建成落实教育数字化转型的鲜活案例。

建立中国特色的监测评估组织领导体系。形成由中央多部委和地方政府部门共同参与的国家教育现代化监测评估领导机制,合力推动,发挥统筹协调作用。同时,建立由多方面权威专家学者参与的战略咨询服务机制,指导监测评估的科学实施。统一部署各地、各区域的监测评估,将监测评估结果有序、及时地反馈到政府、学校和社会,加强监测结果反馈及对照应用的制度化,预警预报突出问题和发展短板,支撑政府科学决策,服务教育行政部门精准施策,引领各级各类学校教育高质量发展,并为社会了解教育、关心教育、参与教育、支持教育提供信息服务,为建立中国特色的教育治理公共监督制度提供有力支撑。

注重发掘各地、各区域的典型案例,总结交流先进做法和经验,进一步丰富和完善大国教育治理现代化理论与实践。积极参加更多更大范围的国际、区域性教育交流与合作,增强中国教育自信。结合落实联合国"2030年可持续发展议程"的实际行动,为履行中国政府的承诺,按照教科文组织《教育2030年行动框架》,率先制定适合我国实际需要的监测评估方案,并在实践中凝练中国教育治理特色,为参与全球教育治理提供中国智慧和中国方案。

二、坚持教育法治导向,强化监测指标体系及方法的效用

(一) 突出依法治教和依法依规实施教育2030目标监测评估的指导思想

作为治国理政的基本方式,法治是解决教育治理问题的一条基本路径。[1] 纵观国内外,现

---

[1] 申素平,段斌斌,贾楠. 新时代我国教育法治建设面临的问题与对策[J]. 复旦教育论坛,2018,16(1):23—27.

代教育的发展历史可以概括为一部教育立法史。世界上不同类型的国家在不同的发展阶段，无不通过教育立法，一方面，确立教育机构的合法权利；另一方面，也为教育发展形成了一套相对稳定的制度基础，以协调教育内部的诸种权利与义务关系，促进教育体系、教育思想、教育过程及教育关系的法治化，保障各级各类教育在法律规范的作用下有序开展。党的十八大指出，法治是治国理政的基本方式。习近平总书记多次强调，要坚持法治国家、法治政府和法治社会一体建设，不断开创依法治国新局面。推进教育的法治化也是我国完善中国特色社会主义法律体系，推进依法治国的重要议题。教育发展目标监测指标体系建设和监测方法运用是教育治理法治化的重要实践环节，必须充分体现法治化的观念和方法，遵循党的教育方针，遵循教育规律和人才培养规律，符合现行教育相关的法律法规和政策要求。

（二）努力体现党和政府推进教育高质量发展提出的一系列政策法规新要求

教育发展目标监测指标体系"人体型结构"中六个方面的主要监测内容和指标设计立足于实际运用，对于各地教育发展和各级各类教育教学实践活动具有直接的导向作用，指标设计及其监测应用必须以党和国家政策、教育相关法律法规为依据，符合国家及各地教育现代化发展战略和目标要求。例如，在教育发展目标监测指标体系"人体型结构"中的"现代教育体系"方面，就需要对照《中国教育现代化2035》提出的总体目标和各项具体目标，围绕建成服务全民终身学习的现代教育体系，选择教育普及融通程度、教育服务多元供给能力、公共教育服务均等程度以及学前教育高水平普及、义务教育优质均衡发展、高中教育特色多样化发展、职业教育提高人才培养适应性、高等教育提升服务能力和贡献度、残疾儿童少年享有适合的教育、泛在学习服务体系逐步完善等具体的监测点指标。同样，在教育发展目标监测指标体系"人体型结构"中的其他几个方面，也需要对照党和国家提出的教育战略规划目标，设计相应的监测点指标。对于区域性教育发展目标监测指标体系的监测点指标设计，在遵循国家教育相关法律法规和战略要求的基础上，对照区域内各地提出的教育现代化发展目标和要求，立足促进区域层面教育发展目标的如期实现，设计和选择相应的监测点指标。另外，随着对外开放越来越广泛，在更多参与教育国际合作交流以及教育"走出去"、开发教育标准、共建共享和对内对外规范提供教育服务的过程中，需要结合我国教育发展实际，理性地参照、选择一些国际机构通用的教育发展、教育比较以及教育监测和评价指标，如联合国教科文组织（UNESCO）提出的《教育2030行动框架》43项监测指标体系中一些反映教育包容、公平、优质、全覆盖等方面的指标。

教育发展目标监测指标体系"人体型结构"中六个方面主要内容的监测方法及监测结果，直接影响全国、区域和各地教育发展目标实现程度的诊断和评价结果，对于各级政府和教育行政部门、学校等均具有强烈的督促和鞭策作用，甚至运用于公共问责和行政问责。因此，上述指标体系和监测点的设计应用更容易引起各地和社会各界的普遍关注，也更需要按照法治化的原则，科学合理地确定监测方法和监测目标值。对于选用的国家层面监测点指标，可考虑对照国家教育2035年的目标值来确定其2025年、2035年的监测目标值；对于选用的区域或地方层面的监测点指标,可考虑对照各地确定的教育现代化中长期发展规划目标值,确定其2025年、2035年的监测目标值;对于涉及各级各类教育以及教育发展重要环节和领域的监测点指标,则需要按照相关政策文件提出的要求确定其2025年、2035年的监测目标值。例如,对"中小学生视力合格率"这一监测点指标,按照《国务院关于实施健康中国行动的意见(国发〔2019〕13号)》要求,可将其目标值确定为"到2022年和2030年,全国儿童青少年总体近视率力争每年降低0.5个百分点以上"。再比如,对于"大中小学学生体质健康优良率"这一监测点指标,按照国务院健康中国行动推进委员会负责统筹推进的《健康中国行动(2019—2030年)》要求,可将其目标值确定为"到2022年和2030年,中小学学生体质健康标准达标优良率分别达到50%及以上和60%及以上"。另外,对于选用的部分国际通用比较层面的监测点指标,除要考虑监测点指标值的数据信息来源之外,还要同步考虑国家、区域、各地的经济社会发展水平以及教育发展阶段的特点及指标值的可比性,大致对照中高收入国家平均水平来确定国家层面监测点指标的监测目标值,合理确定东部发达省份以及中西部地区一些城市监测点指标的监测目标值。

此外,促进教育发展目标监测指标体系建设和监测方法的法治化,还必须在理论和实践层面正确区分和使用发展指标、监测指标及其评价指标。发展指标主要应为国家、区域或地方未来教育发展的规划指标,包括预期性和约束性指标。发展指标的数量不会设计过多,每个指标一般具有较为显著的集中度。监测指标主要服务于教育发展目标及发展指标的变化趋势、特点以及达成程度的动态监测与诊断,某个甚至某几个监测指标只能部分地反映教育发展目标及发展指标的某些进展与变化,而不能代替或直接反映教育发展目标及发展指标的全部。因此,不能将监测指标的目标达成度直接作为教育发展目标及发展指标的实现程度,更不能将监测指标的目标达成度作为评价指标简单使用,或对学校、基层教育行政部门等进行考核或问责,而是要秉持破"五唯"的思路与方向,客观、多视角、综合性地做出相应的分析、判断和决策。

(三)以监测体系和推进教育目标制度探索推进国家教育治理模式创新

智能技术的兴起为解决教育发展中的痛难点问题提供了新思路,数据驱动被认为是大数据时代教育的必然走向。[①] 为使教育发展目标监测指标体系及其监测方法发挥应有的导向和督促作用,需要建立法治化的教育监测数据信息采集、分析、综合使用制度以及教育监测结果的验证、反馈和公开发布制度。在国家权威统计数据之外,各地各级教育行政部门需要及时提供各地教育重要指标和特色指标的数据信息与案例。专业研究团队在政府及教育部门的支持和保障下,以多种形式采集、分析相关动态数据信息和重要案例,建立国内外第三方数据信息数据库,并综合诊断、分析和判断全国、部分区域以及各地教育发展目标实现程度及其教育现代化发展指数。在政府及教育部门的推动下,以法治化为指导,以专业化为支撑,逐步建立健

---

① 杨开城.教育何以是大数据的[J].电化教育研究,2019,40(2):5—11.

全教育监测专题研究制度、监测信息供给服务制度、监测报告发布制度,为政府及教育行政部门指定问题解决方案提供依据和支撑,为社会各界关心教育、了解教育、支持教育提供正确可靠的数据信息服务。

综上所述,我国教育发展目标监测指标体系的迭代升级成为必然选择,是一项系统的复杂工程。构建新时代中国特色教育发展目标监测指标体系,根本是立足国情、把握教情,关键是总结实践经验和前沿理论指导相结合,监测指标体系构建和监测方法创新相结合,国家目标导向监测和促进分类发展相结合,监测指标应用和提高教育治理能力相结合,持续加强理论基础、目标内涵、监测指标构建方法、基于监测的路径策略等方面研究,更好地服务于我国加快推进教育现代化、建设教育强国。

三、健全组织保障机制,充实教育 2030 目标的监测内涵

(一)进一步强化教育 2030 目标实现的监测评估组织与协调

党的十九大报告首次提出"高质量发展"的新表述。习近平总书记指出,"高质量发展,就是能够很好满足人民日益增长的美好生活需要的发展,是体现新发展理念的发展,是创新成为第一动力、协调成为内生特点、绿色成为普遍形态、开放成为必由之路、共享成为根本目的的发展"。高质量发展是新时代新的发展总要求,必然也指向教育改革发展和加快推进高质量教育体系建设。只有建成高质量的教育体系,才能满足新时代社会高质量发展的需要,满足建设现代化强国的宏观需求,满足实现 2030 教育目标的现实要求,满足人民群众日益增长的接受更多更好教育的新需求。

加快推进教育现代化,建成高质量的教育体系,推进和支撑新时代我国经济社会的高质量发展,亟待推进教育治理现代化,加强对教育现代化进程的监测评估,需要政府、学校、教师、相关社会各界等各利益攸关方的有效参与和协同。教育、财政等各行政部门和各级地方政府要认真贯彻党中央、国务院的战略部署,切实履行好各自的职责,统筹协调和组织动员多方面的力量,落实教育发展监测评估各方面的工作,形成推动教育发展监测评估以及教育一体化发展的强大合力。各级政府及教育行政部门作为责任主体,要完善自身工作机制,明确工作分工,落实工作责任,统筹指导、组织一体化的监测评估,协调解决监测评估过程中的具体问题,全面落实好协同监测评估一体化的各项工作。

(二)不断加强教育 2030 监测评估基础能力建设

依托高质量、高水平的监测评估,提升教育治理现代化的能力水平。一是要建立和形成一支高水平专业化的教育监测评估人员队伍。教育监测评估是一项专业性强、技术要求高的系统工程,对监测评估工作人员的专业知识、技术和能力都有较高的要求。要进一步加强各地教育监测评估相关人员的培训,指导相关人员理解和掌握教育监测评估的相关理念、技术以及结

果应用方法,打造一支专业化水平高的教育监测评估队伍,为教育 2030 监测评估体系的完善提供专业人才保障。教育行政部门要着力培育有能力共同参与教育发展监测评估的专业机构,委托其全面承担相应的监测评估工作,并通过人事制度、科研制度、财政制度以及评价激励制度等方面的大力投入,提升其软件和硬件的保障水平,为其创造有利的科研攻关条件和环境。二是建立多元参与的意见听取和吸纳工作机制,在监测评估工作的各重要环节,都要建立监测评估实施的公众参与机制,通过线上线下等多种形式,认真听取社会各界尤其是不同类型的高水平大学、专业研究机构以及知名国际机构学者专家的意见和建议,营造全社会积极参与和共同推动教育现代化发展的良好氛围和社会环境。三是围绕教育现代化发展进程,加快建设教育 2030 监测评估系统,加强对教育发展动态的监测与评估,及时总结有效经验,预警和纠正教育 2030 进程中的问题。云计算、大数据、人工智能等新一代信息技术逐渐走向成熟,在各个领域和行业之中的应用越来越发挥着重要的作用。推动互联网、大数据、人工智能、新一代移动通信等新兴技术与教育教学深度融合,利用新兴技术更新教育监测理念,变革教育监测评估模式,全面推动教育监测评估数字化转型。按照"应用为王、服务至上、简洁高效、安全运行"的总要求,以数字化赋能教育监测评估转型升级,以新兴技术为主要手段,以信息数据为核心要素,将数字技术、数字思维应用于教育监测评价的全过程,以信息化和数字化教育监测评估,推动教育决策和教育服务的方式、流程、手段、工具等进行全方位、智能化重塑和流程再造,支持教育监测评估机构与专业化信息技术机构合作,通过采取购买技术服务的形式,建立开放、便捷、智能、共用、共享的教育 2030 监测评估系统。

(三) 深化协同监测评估机制,汇集多方面力量参与和支持教育监测评估

在国家有关部门的指导、统筹和推动下,进一步健全教育行政部门的组织、推动和保障机制,充分发挥教育行政部门的主体功能和协调作用,并通过及时有效地落实教育监测一体化工作部署,实现教育 2030 监测数据信息采集汇总以及多维分析、综合研判和监测评估结果服务供给。与此同时,教育监测还回应社会热切关注,统一提供决策咨询服务成果,协同扩大优质教育供给,促进基础教育优质均衡发展,搭建职业教育监测一体化协同发展平台,错位培养高技能人才,推动大学大院大所全面合作、协同创新,以教育的监测评估促改革、促创新、促进教育监测一体化发展内涵更充实。

四、发挥好指标体系导向,推动加快实现教育 2030 目标

(一) 以指标体系为导向加快推进各区域教育 2030 目标落实

全面系统地理解 2030 教育指标体系的丰富内涵,贯彻落实指标体系蕴含的先进理念以及以人为本、突出质量、内外结合、软硬兼备、总分兼顾等方面的特点和要求。以指标体系包含的教育现代化发展思路、教育理念及其丰富内涵为导向,发挥监测评估的过程动态监测功能,分

析判断教育发展现状、成绩进展、问题短板以及面向教育2030发展目标的实现程度、差距、困难、原因及动态和趋势,综合分析教育发展与经济社会发展的适应程度和贡献,总结教育面向2030年发展进程中的优势与经验,着力推进监测评估指标对应各级各类教育相关领域和重要环节的改革与创新,坚持目标导向和问题导向相结合,以推动提高监测点对应的教育领域和环节、教育热点难点重点问题得到及时有效的解决,促进各级各类教育协调发展,推动各地加快教育高质量发展。

(二)贯彻落实《深化新时代教育评价改革总体方案》

借助推进2030年教育目标如期实现的指标体系和监测评估方法,改变以往教育决策和施策中更多依据经验判断的传统做法,探索全国、各区域、各地科学监测和依据数据信息及综合判断服务决策、支持精准施策的教育治理现代化新模式新路径。特别要根据各地设计确定的教育现代化中长期发展规划以及教育事业发展"十四五"及若干个五年规划,适度调整部分指标及其监测目标,增加部分体现需求变化以及人民群众和社会各界高度关注的指标。同时,对于部分监测目标达成度一直处于高位、数据变化不敏感、对应领域或环节处于良性发展状态的指标,则可以降低关注度,甚至不再列入指标体系框架,以便将指标体系和监测评估的关注重心集中在党和国家以及社会各界更为关注的教育改革发展内容上。另外,始终要坚持中国式教育现代化的监测评估特点,立足我国国情,突破以往监测评估教育重结果不重过程、重数量不重质量、重平均不重结构、重物质不重制度、重校内不重校外等一系列不适应新时代新要求的倾向,对标党和国家深化新时代教育评价改革的战略要求,在实践中不断完善和优化教育2030监测评估。坚持问题导向,从党中央关心、群众关切、社会关注的问题入手,改进结果评价,强化过程评价,探索增值评价,健全综合评价,充分利用信息技术,针对不同主体和不同学段、不同类型教育特点,提高教育评价的科学性、专业性、客观性。扭转不科学的教育评价导向,坚决克服唯分数、唯升学、唯文凭、唯论文、唯帽子的顽瘴痼疾,坚持中国特色,扎根中国、融通中外、立足时代、面向未来,坚定不移走中国特色社会主义教育发展道路。

(三)努力发挥国家教育现代化标杆示范和引领带动作用

落实党的二十大报告提出的促进区域协调发展,深入实施区域协调发展战略、区域重大战略、主体功能区战略、新型城镇化战略,发挥教育现代化指标体系和监测评估标准的导向作用,对标不同区域教育2030年的发展目标和要求,推进长三角、京津冀、大湾区等在国家教育现代化全局中超前规划超前发展、在国家区域教育现代化改革创新中的先行先试、始终把教育摆在优先发展的战略地位、率先达成发展目标等方面的引领和带动作用,在促进缩小区域内教育发展差距、努力共同实现高质量发展的基础上,凝练和总结可复制可借鉴的经验和做法,为其他区域加快教育现代化发展提供支持与帮助。同时,基于我国教育现代化发展的实际,为发挥好城市在全国、在各区域、在各省市区内部的辐射带动作用,需要将大城市的教育现代化发展状况以及教育的城乡差距缩小情况作为监测评估的重点内容,一方面监测诊断城市的教育现代化发展水平和发挥的标杆示范和引领带动作用,另一方面重点监测优质教育资源的配置格局及应用成效,对人民群众的教育满意度予以持续关注,并对教育发展在促进社会公平、促进社会共同富裕、促进物质与精神文明协调发展等方面作出的基础贡献做出科学合理的评价和判断。在推进全国各地教育现代化共同实现新发展新变化方面,注重发挥2030指标及其监测评估的导向和激励作用,继续推进东部沿海发达地区先行先试,开放创新,率先发展。同时,着力发挥先行区试验区承担国家教育试验试点的效应,探索形成区域教育高质量发展模式,形成一流教育服务供给能力,探索全球范围吸引汇聚优质教育资源的有效机制,构建教育精细化治理体系,推进教育教学模式创新,提升服务能力水平,打造具有全国乃至全球影响力的教育现代化先行区、高质量发展引领区、协同发展示范区、改革创新先行区、共同富裕新标杆,代表国家参与全球教育的区域合作与竞争。

五、建立信息及时反馈与预警机制,助力各地精准施策

(一) 探索和形成教育 2030 发展目标监测评估预警机制

基于监测评估结果,对各级各类教育、重要领域、关键环节的监测目标达成度、教育发展指数、相关监测点多维分析结果,进一步分类开展预测、预警和预报工作,并通过研究报告或系统展示等途径,向政府和教育行政部门及时反馈相关监测数据信息。针对监测评估中发现的问题与困难,需要进一步开展分类专题研判,以便确定问题,查找问题背后的原因和影响机制,在此基础上发挥行政优势,精准施策,提升教育行政工作的科学性、针对性和有效性,推进教育治理体系和治理现代化跨上新的台阶。

(二) 建立和完善监测评估过程性沟通交流机制

教育 2030 目标监测在实施过程中必然会遇到诸多体制机制性、组织协同性以及大量复杂的技术方法等方面的问题和困难,需要政研、政校、校研、研研等多方面的协同配合。在收集汇总、清晰确认多方面数据信息以及对监测评估发现问题、确认问题、分析问题的过程中,尤其需要政府和教育行政部门的指导和参与,并通过建立和形成监测评估工作制度的形式常态化运行好过程性沟通交流制度,以保证监测评估结果可靠,可用于服务和支撑科学决策与精准施策。

(三) 及时回应教育 2030 目标监测评估发现的若干问题

监测评估中发现的教育发展问题,有些问题的解决可能还需要政府统筹多部门,协调发展改革、财政、机构编制、自然资源、人力资源社会保障等部门共同推动,围绕突破教育发展难题和亟待补齐的短板,形成经济社会发展规划优先安排教育、财政资金投入优先保障教育、公共资源配置优先满足教育和人力资源开发需要的制度安排与政策设计。同时,建立相应的监测评估结果应用制度,对监测评估中发现的问题和短板,明确整改责任主体,及时出台相关政策,

动态调整、完善相关的政策和工作安排,要将监测评估中的各地教育规划主要指标和任务实施完成情况纳入县级(区、市)政府和有关部门的履职评价内容,予以督促落实。

六、完善监测制度体系,提升大国教育治理现代化水平

(一)建立国家教育2030目标监测评估数据信息汇总系统

发挥我国的制度优越性和新型举国体制优势,加强制度建设,形成可持续获得国家教育统计数据、大型抽样调查数据、第三方数据以及各地教育现代化特色指标和行政工作数据等多途径数据信息的基础工作框架,并结合区域内城市数字化建设工程,充分应用信息技术动态获取第三方各类可靠数据信息,同时充分利用大数据和信息技术,通过汇聚与教育改革发展相关的人口、人力资源、经济、财政、就业、社会发展、科技创新与服务、国际合作交流等方面的数据信息,建立教育2030目标监测综合性数据库,为有效实施教育2030目标监测评估和推进教育治理现代化提供新型大数据基座支撑。

(二)加快建立国家层面的教育国际比较数据库

从共建人类命运共同体、共同推进联合国"2030年可持续发展议程"以及促进教育领域的国际交流与合作的战略意义和实际需求出发,在教育部指导和支持下,加快建设整合汇集UNESCO、OECD和世界银行等数据库信息,以及欧美发达国家政府教育统计数据的"教育国际比较数据库",与各区域教育统计局、部分大学、专业研究机构和信息技术公司紧密合作,及时获取系统整合、具有时间序列连续性、实质等效可比较的国际教育数据信息,充分反映不同类型国家教育改革发展的水平和成效,为教育2030监测评估开辟新的途径和世界坐标系。

(三)升级和凝练综合化的教育发展监测评估工具与方法体系

吸收和借鉴国际国内、教育领域内外权威性监测评估工具的经验与特点,结合我国国情和教情实际,凝练和形成适应新时代我国教育高质量发展要求的工具与方法体系。一是对教育2030监测评估指标的监测目标达成度进行运算和分析,诊断和评价其发展水平、动态变化特点以及推进教育发展的努力程度。二是通过教育发展指数的运算和分析,客观判断其在国际教育坐标系中的方位、排行变化以及改革发展的优劣势。三是通过监测指标的多维分析,进一步综合判断监测点对应各级教育不同领域及环节的发展变化、成就经验、问题短板及趋势挑战,为政府和教育行政部门精准施策提供可靠依据。四是通过教育2030目标监测评估结果,挖掘教育高质量发展新内涵、新特点、新经验,提炼、形成可借鉴、可复制、可推广的做法和经验,丰富大国教育治理现代化内涵,在教育领域积极贡献中国智慧、中国方案。

(四)围绕高质量发展形成若干新的统计和监测评估指标

结合深化监测评估工作以及服务政府科学决策、支撑教育行政部门精准施策,按照高质量、可持续发展的要求,适应新时代教育发展的新变化,聚焦德智体美劳全面发展、人才培养质

量、教育改革发展内涵、教育结构优化升级、信息化应用成效、人力资源开发水平、服务引领经济社会发展能力、支持创新创业、促进区域均衡发展、推进国际合作交流等方面内容,研究开发一批边界分明的教育现代化统计和监测评估新指标,并通过发挥其导向和激励作用,引领各地、区域和全国教育2030目标实现新的发展,助推教育强国建设。

七、总结提炼实践经验,努力讲好中国教育现代化故事

(一)聚焦教育治理现代化创新探索,总结凝练新时代的中国名片

教育2030监测评估工作开启了大国教育治理现代化的新实践、新探索,尽管可以学习借鉴和吸收国内外、教育领域内外的相关理论和方法,但没有也不可能有现成的理论、工具、方法和制度直接套用到我国教育改革发展的实践上,因此必须对照党和国家战略部署,从国情、区域特点和教育发展实际出发,在系统谋划的基础上,落实教育强国战略要求,推动教育2030目标监测评估全过程创新,通过不断探索、动态修正、及时总结经验教训,逐步形成具有中国气派、可行可靠的理论方法体系、指标标准体系、实用工具体系、技术支持体系、应用服务体系和组织保障体系,并通过逐步总结、凝练和规范,形成可借鉴可推广的经验与做法,发出教育治理现代化的中国声音。

(二)按照高质量发展要求推进各地实现特色发展

从教育2030目标推进实际情况看,各省市各有各的优势、特色、不足和发展困难,特别是面对在高质量发展中促进共同富裕的新要求,围绕破解各级各类教育不同领域、不同环节的重点、难点和热点问题,各地都从实际出发采取了具有地方特点的对策举措,并取得了显著的成效。在此基础上,对照协同监测评估形成的结果,各地应在提升共性指标发展短板的同时,进一步突出自身特色指标以及特色指标对应领域、环节的工作,探索自身教育发展的新模式新途径,形成改革发展的典型案例。

(三)发掘我国各地教育2030目标实现的典型案例

对照教育2030目标监测评估以及形成的判断和结果,针对监测点对应的各级各类教育领域和环节,深入发掘、总结改革发展的经验和做法,汇集成册,既可作为监测评估工作的重要成果,也可作为印证和立体化反映我国教育2030目标发展成果的基础素材,并可以结合多维度的数据信息综合分析,及时总结形成教育2030目标推进过程中可复制、可借鉴、可推广的先进典型和经验案例。这也是我国教育现代化改革创新、丰富大国教育现代化治理理论和实践的重要方面,能够为讲好中国式教育治理现代化故事、发好中国教育改革创新发展声音积累重要的鲜活素材。

(四)加强对内对外理论和实践方面的交流与合作

开展教育2030目标监测评估是一项开拓性的工作,既需要不断创新、总结和提升,也需要

学习、吸收和借鉴全国各地开展相关工作形成的众多经验，同时还需要广泛开展国际、国内多方面的交流合作，积极应用相关的研究成果和技术方法，充实和升级教育2030目标监测评估基础能力，共同打造大国教育治理现代化的样板。另外，对于国家教育2030目标落实与监测评估过程中形成的成果、经验，应当主动进行传播和推广应用，包括充分利用信息化的技术手段等方式，在合理的范围内发布监测评估信息和成果，发挥监测评估数据信息公共服务功能，满足广大人民群众了解教育、参与教育、支持教育、监督教育的需求和诉求，正确引导相关媒体和社会舆论，为公共监督提供依据，营造全社会共同推动教育可持续发展的良好氛围。